U0555576

北京水务执法
典型案例汇编

北京市水务综合执法总队　编

中国商业出版社

图书在版编目（CIP）数据

北京水务执法典型案例汇编 / 北京市水务综合执法
总队编. -- 北京：中国商业出版社，2024. 7. -- ISBN
978-7-5208-2975-5

Ⅰ. D927.102.665

中国国家版本馆 CIP 数据核字第 2024CG6835 号

责任编辑：滕 耘

中国商业出版社出版发行

（www.zgsycb.com 100053 北京广安门内报国寺 1 号）

总编室：010-63180647 编辑室：010-83118925

发行部：010-83120835/8286

新华书店经销

鸿博昊天科技有限公司印刷

*

710 毫米 ×1000 毫米 16 开 13 印张 170 千字

2024 年 7 月第 1 版 2024 年 7 月第 1 次印刷

定价：48.00 元

＊＊＊＊

（如有印装质量问题可更换）

《北京水务执法典型案例汇编》
编委会

前　言

  2023 年 8 月 15 日为我国首个全国生态日，中共中央总书记、国家主席、中央军委主席习近平作出重要指示强调，生态文明建设是关系中华民族永续发展的根本大计，全社会行动起来，做绿水青山就是金山银山理念的积极传播者和模范践行者。

  本书以北京市水务局行政处罚清单中常见案由、《市级、区级、街道乡镇共有的水行政执法职权权限划分目录》及《北京市常用水行政处罚裁量基准表》的分类方法作为章节编排顺序，选取北京市 16 个行政区及与街道乡镇共有职权中的典型案例进行评析。每个案例在体例上包括案件基本情况、法律依据、案件评析三个部分。其中，案例评析主要从执法程序的合法性、法律适用的准确性和文书的规范性角度进行分析。

  本书具有以下特点：

  1. 案例真实、内容丰富

  本书选取近几年执法过程中节水、排水、水环境、水工程、水土保持等方面的案例，对于较为常见的违法行为的执法活动进行归纳总结，重点分析案件事实认定和法律适用。

2.贴近生活、指导实践

本书对选取的案例逐个进行梳理、分析，通过介绍案情、明确法律依据，体现典型案例对内的示范引领作用和对外的普法宣传作用。通过对典型案例的评析，对内进一步统一执法人员的执法标准、准确理解适用相关法律法规，体现执法人员的法治素养，提升执法人员的执法能力；对外指引社会生活，指导百姓居民爱护环境、懂法守法，为持续改善生态环境质量作出努力，贡献微薄之力。

2021年7月，北京市水务局印发《北京市常用水行政处罚裁量基准表》，列举了35项常用水行政处罚裁量基准。随着《地下水管理条例》《北京市节水条例》等法规陆续实施，北京市水务局自2023年9月20日起实施修订后的《北京市常用水行政处罚裁量基准表》。修订后的《北京市常用水行政处罚裁量基准表》共分为5个部分，涉及行政处罚事项69项。本书选取的案例均发生在2023年9月20日前，故本书依据2021年版本的《北京市常用水行政处罚裁量基准表》选取行政执法中的典型案由、典型案例进行评析。

由于编者水平有限，书中难免存在一些疏漏或者不当之处，敬请读者批评指正。

本书编委会

2023 年 12 月 21 日

CONTENTS

目 录

第二章 排水类水行政执法典型案例 65

第一章

节水、水资源类水行政执法
典型案例

《北京市节水条例》自 2023 年 3 月 1 日起施行，其针对"取供用排"各过程节水的关键点、薄弱点作出相应规定。本章选取典型案例，首先对新施行的《北京市节水条例》进行普法宣传，希望通过案例起到示范作用，加强日常监测和监督管理，对发现浪费用水行为及时处理。同时选取违反《中华人民共和国水法》的典型案例对水法律进行普法，引导社会公众强化节水、护水意识，自觉参与节水行动。适用的法律法规主要包括《中华人民共和国水法》《地下水管理条例》《北京市节水条例》等。

📰 **案例一 »** 北京某房地产开发有限公司未依法取得临时用水指标擅自用水案

【案件基本情况】

2023 年 3 月 1 日，北京市水务局执法人员在检查中发现，北京某房地产开发有限公司在北京市门头沟区某住房项目施工现场未依法取得临时用水指标擅自用水。

立案后，执法人员进行了现场拍照取证，收集了相关证据材料，制作了"现场勘验笔录"和"询问笔录"。经查实，该住房项目于 2019 年 10 月开工，当事人办理临时用水指标有效期是 2020 年 4 月至 2022 年 1 月，2022 年 2 月至案发时仍在使用临时用水，但当事人未取得 2022 年 2 月以后的临时用水指标。当事人的行为违反了《北京市节水条例》①第二十九条第三款之规定，属于违法行为。当事人对违法事实认定无异议。

2023 年 3 月 17 日，北京市水务局执法人员向当事人送达了"责令限期改正通知书"。2023 年 3 月 20 日，执法人员复查发现，当事人已按要求进

---

① 《北京市节水条例》于 2022 年 11 月 25 日北京市第十五届人民代表大会常务委员会第四十五次会议通过，自 2023 年 3 月 1 日起施行。

行了改正，取得了临时用水指标。2023 年 3 月 28 日，执法人员向当事人送达了"行政处罚事先告知书"，并听取了当事人的陈述、申辩，制作了"陈述、申辩笔录"。

综合案件事实、情节及危害后果等因素，依据《北京市节水条例》第六十一条，北京市水务局对当事人作出罚款 2 万元的行政处罚。2023 年 5 月 11 日，执法人员向当事人送达了"北京市水务局行政处罚决定书""行政处罚缴款书"。

当事人收到行政处罚决定书后，在规定的缴纳期限内以经济困难为由，申请延期缴纳罚款。经过延期缴纳罚款审批程序后，北京市水务局依法准予当事人延期缴纳罚款。当事人于 2023 年 7 月 12 日到银行缴纳了罚款。此案执行完毕。

【法律依据】

《北京市节水条例》第二十九条："非居民用水户应当按照规定向供水单位提供基本信息、用水信息，并按照登记的用水性质用水，遵守定额管理、计划用水管理等制度，按时足额缴费。

本市对纳入取水许可管理的单位和用水量较大的非居民用水户用水实行计划用水管理和定额管理相结合的制度。水务部门按照年度生产生活用水计划、行业用水定额和用水户用水情况核算下达用水指标；无行业用水定额的，参照行业用水水平核算下达用水指标。用水可能超出用水指标时，水务部门应当给予警示；超出用水指标百分之二十的，水务部门应当督促、指导。具体办法由市水务部门会同发展改革、财政、税务等部门制定，报市人民政府批准后组织实施。

园林绿化、环境卫生、建筑施工等需要临时用水的，应当向水务部门申请临时用水指标。"

《北京市节水条例》第六十一条："违反本条例第二十九条第三款规定，用水单位未依法取得临时用水指标擅自用水的，由水务部门责令限期改正，处二万元以上十万元以下罚款。"

【案件评析】

临时用水指标，其法律性质为行政许可，是园林绿化、环境卫生、建筑施工等需要临时用水的，向水务部门申请的临时用水资质。

延期或分期缴纳罚款的条件有三个：①当事人发生经济困难，难以按行政处罚决定书要求的时间或一次性缴纳罚款；②当事人提出申请；③经行政机关批准。

执法人员在检查中发现，部分用水单位在新、改、扩建项目时存在未申请临时用水指标，但正常缴纳水费的情况。还有部分用水单位在新、改、扩建项目中超计划用水，出现累进加价后，依然没有申请临时用水指标。面对这种情况，用水单位往往辩称"我们自愿用高价水不行吗？"答案是不行。按照《北京市节水条例》第二十九条第三款的规定，并未有按时缴纳水费或累进加价费就有免于处罚的规定，所以只要有工程施工需要临时用水，都要依法办理临时用水指标。应办而未办的，均会受到行政处罚。

在办理临时用水指标前，只要施工出现实际用水，就可视为违法。施工工程竣工后，无法补办临时用水指标。只能在对其进行行政处罚后，将其纳入规范管理。

临时用水指标需按年度办理，一年办理一次。如果出现工程逾期未完成的，还需办理下一年度用水指标，不办下一年度用水指标的，也应算工程施工未取得临时用水指标。

按照《北京市水务局关于印发合并简化建设项目节水设施方案审查和临时用水指标审批事项即办指南的通知》（京节水办〔2021〕12号）施工

临时用水指标按 0.8 立方米／平方米的定额下达。临时用水指标分配方案只是本年度的用水计划，如工期跨年度，应于次年继续申请办理临时用水指标，并提供相关材料。施工临时用水指标双月考核，建设单位应按照施工进度合理分配年度和双月用水计划，避免超标。申请临时用水指标前，建设单位应到供水单位进行报装，安装施工临时用水计量水表：使用市政自来水时，填写北京市自来水集团有限责任公司缴费通知单上的水表编号；使用自备井水时，填写水表对应的用户编号。

在办理临时用水指标类案件时，现场勘验需注意对正在施工的情况进行拍照确认取证。仔细询问当事人有无办理施工临时用水指标，跨年工程是从未办理过，还是曾经办理过却没有继续办理。在询问笔录中，应当继续确认工程的每一施工年度是否办理了临时用水指标。随后询问施工工程开竣工日期、占地面积、工程性质、实际施工进度等内容，并询问单位施工项目是否还在施工进程中，以及单位年用水指标和执行情况。案卷文书中要将违法行为具体地点、规模、工期年限等情况如实记录。针对施工工程未取得临时用水指标的行为的改正应区分如下情况：一是如果当时单位施工尚在工期内，可按照相关规定准备材料至市、区行政审批窗口申请本年度临时用水指标，今后每一年度持续申请直至施工工程竣工；二是如果单位施工工程已经竣工，则无法补办临时用水指标，只能在对其进行行政处罚后，将其纳入规范管理。

📰 案例二 »   北京某餐饮有限公司现场制售饮用水机未安装尾水回收设施案

【案件基本情况】

2023 年 3 月 1 日，北京市水务局执法人员在检查中发现，北京某餐饮有限公司在北京市通州区某餐饮场所现场制售饮用水机未安装尾水回收设施。

立案后，执法人员进行了现场拍照取证，收集了相关证据材料，制作了"现场勘验笔录"和"询问笔录"。经查实，该公司于2023年2月安装了制冰机，并未安装尾水回收设施。当事人的行为违反了《北京市节水条例》第三十六条第四款之规定，属违法行为。当事人对违法事实认定无异议。

2023年3月1日，执法人员向当事人送达了"责令限期改正通知书"。2023年3月2日，执法人员复查发现，当事人已按要求进行了改正，安装了尾水回收设施。2023年3月2日，执法人员向当事人送达了"行政处罚事先告知书"，并听取了当事人的陈述、申辩，制作了"陈述、申辩笔录"。

综合案件事实、情节及危害后果等因素，依据《中华人民共和国行政处罚法》①第三十三条第一款，北京市水务局对当事人作出不予行政处罚的决定。2023年4月24日，执法人员向当事人送达了"北京市水务局不予行政处罚决定书"。此案执行完毕。

【法律依据】

《北京市节水条例》第三十六条第四款："现场制售饮用水的单位和个人应当按照有关标准规范，安装尾水回收设施，对尾水进行利用，不得直接排放尾水，并依照本市有关规定向设施所在地卫生健康部门备案。"

《北京市节水条例》第六十五条第三款："违反本条例第三十六条第

---

① 《中华人民共和国行政处罚法》于1996年3月17日第八届全国人民代表大会第四次会议通过，根据2009年8月27日第十一届全国人民代表大会常务委员会第十次会议《关于修改部分法律的决定》第一次修正，根据2017年9月1日第十二届全国人民代表大会常务委员会第二十九次会议《关于修改〈中华人民共和国法官法〉等八部法律的决定》第二次修正，2021年1月22日第十三届全国人民代表大会常务委员会第二十五次会议修订，自2021年7月15日起施行。

四款规定，现场制售饮用水的单位或者个人未安装尾水回收设施对尾水进行利用的，由水务部门责令限期改正；逾期不改正的，责令拆除，处五千元以上二万元以下罚款；未按照规定备案的，由卫生健康部门责令限期改正；逾期不改正的，处一千元以上五千元以下罚款。"

《中华人民共和国行政处罚法》第三十三条第一款："违法行为轻微并及时改正，没有造成危害后果的，不予行政处罚。初次违法且危害后果轻微并及时改正的，可以不予行政处罚。"

【案件评析】

2021年7月15日，新修订的《中华人民共和国行政处罚法》开始施行。作为行政处罚法自1996年颁布以来的首次修订，重点变化之一就是增设了对"不予行政处罚的情形"专门规定的独立条款，即行政处罚法第三十三条。"不予行政处罚的情形"也从过去的单一情形，增加至三种法定情形：一是违法行为轻微并及时改正，没有造成危害后果的，不予行政处罚；二是初次违法且危害后果轻微并及时改正的，可以不予行政处罚；三是当事人有证据足以证明没有主观过错的，不予行政处罚。法律、行政法规另有规定的，从其规定。"不予行政处罚"的三种情形，可概括为无危害性不罚、首次违法可不罚以及无过错不罚。

第一种不罚的情形是"违法行为轻微并及时改正，没有造成危害后果的，不予行政处罚"。

行政处罚必须具备两项基本要素，即可罚性和可归责性。可罚性，是指行为人违反了行政法规定的义务，包括作为和不作为两种表现形式，这是行为人承担行政处罚责任的基础。因此，只有行为人实施了违反行政法规定的义务的行为，同时具备了可罚性，此行为才是该罚的。但是由于《中华人民共和国行政处罚法》的公法性质，保护的法益是社会公共利益，因此行为人实施的行为是否具有可罚性与该行为是否破坏社会公共秩序具有密切的关联。对于轻微的、已及时纠正并且没有造成危害后果的违法行为，因其并未对"国家机能、行政效益及社会大众"带来不利的影响，那么不予处罚也就因此被赋予了正当化的事由。从法律条文中我们可以得知，"不予行政处罚"必须同时满足以下三个条件："违法行为轻微""及时改正""没有造成危害后果"。"违法行为轻微"在司法实践中一般主要考量以下因素：一是违法所得金额的大小；二是行为人的行为仅违反程序性规定；三是行为人主观是否具有恶意。概括来讲，就是指"无危害性不罚"。

第二种不罚的情形是"初次违法且危害后果轻微并及时改正的，可以不予行政处罚"。

此条款属于酌定不予行政处罚的情形。相比上述"无危害性不罚"的规定，更多的则是考量行政执法的价值取向，并赋予执法机关一定的自由裁量权，在"罚或不罚"中作出判断。近年来，优化营商环境的政策要求执法机关能够"宽严相济、法理相融，让执法既有力度又有温度"。对于首次违法且危害后果轻微并及时改正的行为，采取柔性执法，以说服教育、劝导示范为主，能不罚则不罚，更有利于实现执法效果和社会效果的统一。一是行政机关要正确把握违法行为"轻微"的标准，行为人实施的违反行政法义务的行为是否符合"轻微"的要求要综合考量，可以结合行为的次数、违法所得金额的大小、是否属于程序性的可以补正的瑕疵以及行为人的主观是否具有过错等。二是对于"及时改正"要注意及时改正的时间和及时改正的程度。三是在有条件的"首违不罚"的规定中，要注意把握"初次"这一要件，即行政违法行为发生在不同领域是否也算初次，同时"首违不罚"也要求行政机关之间加强信息交流。

第三种不罚的情形是"当事人有证据足以证明没有主观过错的，不予行政处罚。法律、行政法规另有规定的，从其规定"。

概括来讲，此条款就是指以"无过错则无责任"的过错推定作为归责原则。对违法行为进行行政处罚应以行为人具有主观过错为前提，但无须行政机关证明，只要行为人实施了违反行政秩序的行为即推定其主观上存在过错，行为人可以反证自己不存在过错而阻却行政责任。行为人反证自己违反行政秩序而不存在过错阻却行政责任，新修订的《中华人民共和国行政处罚法》要求行为人证明标准要达到"足以"的程度。若行为人没有证据证明自己主观上不具有过错或者提供的证据没有达到"足以"证明自己没有过错的程度，仍然要承担相应的行政责任。

案例三 » 北京某餐饮管理有限公司景观用水使用自来水案

【案件基本情况】

2023 年 4 月 18 日，北京市水务局执法人员在检查中发现，北京某餐饮管理有限公司在北京市平谷区经营的一家餐饮饭店大堂内部的景观用水使用的是自来水。

立案后，执法人员进行了现场拍照取证，收集了相关证据材料，制作了"现场勘验笔录"和"询问笔录"。经查实，当事人存在景观用水使用自来水的情况，当事人的行为违反了《北京市节水条例》第三十五条第三款之规定，属于违法行为。当事人对违法事实认定无异议。

2023 年 4 月 18 日，执法人员向当事人送达了"责令限期改正通知书"。经 2023 年 4 月 23 日复查发现，当事人已按要求进行了改正，不再使用自来水向景观水补水。同日，执法人员向当事人送达了"不予行政处罚事先告知书"，并听取了当事人的陈述、申辩，制作了"陈述、申辩笔录"。

由于当事人违法行为轻微并及时改正，没有造成危害后果，符合不予行政处罚的情形；本案已对当事人进行了普法宣传，依据《中华人民共和国行政处罚法》第三十三条第一款之规定，北京市水务局对当事人作出不予行政处罚的决定。2023年6月1日，执法人员向当事人送达了"北京市水务局不予行政处罚决定书"。此案执行完毕。

【法律依据】

《北京市节水条例》第三十五条第三款："住宅小区、单位内部的景观用水禁止使用地下水、自来水。"

《北京市节水条例》第六十四条第二款："违反本条例第三十五条第三款规定，住宅小区、单位内部的景观用水使用地下水、自来水的，由水务部门责令限期改正；逾期不改正的，处一万元以上三万元以下罚款。"

《中华人民共和国行政处罚法》第六条："实施行政处罚，纠正违法行为，应当坚持处罚与教育相结合，教育公民、法人或者其他组织自觉守法。"

《中华人民共和国行政处罚法》第三十三条第一款："违法行为轻微并及时改正，没有造成危害后果的，不予行政处罚。初次违法且危害后果轻微并及时改正的，可以不予行政处罚。"

【案件评析】

北京市属于资源型极度缺水城市，水资源短缺是首都经济社会发展的最大瓶颈，大力倡导节约用水，扎实推进节水型社会建设，不仅关系到经济社会发展，还涉及人民健康福祉。2023年3月1日起施行的《北京市节水条例》进一步提升和完善了依法节水的法律制度设计，其中将景观用水的禁用范围做了扩大，不仅禁止使用自来水，将地下水也列为了禁用范围。

本案是一起餐饮饭店内部景观水补水使用自来水的案件，案件的查处，做到了事实清楚、证据确凿、法律适用准确、量罚适当，当事人未在规定期限内申请行政复议或者提起行政诉讼。结合执法实践，本案可以从以下三个角度进行把握、分析。

　　一是查处景观用水禁用自来水的重要意义。近年来，随着人们对住宅、办公环境质量要求的提高，住宅、企事业单位内部的喷泉、鱼池等以水造景成为很普遍的现象。虽然这些景观环境用水规模不大，但需要经常换水来保证水质。单次耗水看似量少，但累计起来就是耗水"黑洞"，长期使用自来水供给景观用水会导致水资源浪费，并对环境产生不利影响。《北京市节水条例》第三十五条明确规定，景观环境用水等禁用地下水、自来水。该案的查处，可以向公众传递一个明确的信号，引起公众对于节水重要性的关注，鼓励个人和企业采取更加节约用水的行为，减少浪费，推动可持续发展。

　　二是查处案件的同时对当事人进行普法教育和帮扶。通过对当事人讲解案件中涉及的法律条款和规定，帮助当事人更好地认识自己的违法行为，避免类似问题再次发生，有助于增强当事人的法律意识和法治观念。《中华人民共和国行政处罚法》第六条规定，实施行政处罚，纠正违法行为，应当坚持处罚与教育相结合。普法可以帮助当事人了解法律程序和权利，能够更好地配合执法机关的调查和询问工作，从而提高案件处理的效率和质量。在纠正违法行为的同时，对当事人如何整改进行帮扶，建议当事人采取合理的整改措施，避免走弯路，达到符合规定的有效整改。在本案中，餐饮饭店作为商业企业应当增强环境保护意识和社会责任，积极参与节约用水、环保减排的行动，积极履行环保责任。

　　三是加强包容审慎柔性执法。在本案中，当事人经营的饭店大堂景观水体的补充水源使用的是自来水。在执法人员发现该行为后，经营者立即关闭了人工景观的电源，停止对该人工景观的使用。执法人员复查时发现，当事人在责令限期改正期限内积极改正，将该人工景观进行了清理和改造，能够积极地配合改正违法行为。执法人员根据行政处罚法中"违法行为轻微并及时改正，没有造成危害后果的，不予行政处罚"的规定，也充分听取当事人的陈述和申辩，对当事人作出了不予行政处罚的决定，在维护法律权威的同时，使改善营商、社会共治、执法为民的执法理念落地见效，有利于建立更加平衡和谐的执法关系，促进社会的法治建设，维护社会的稳定和谐。

📰 案例四 » 北京某有限公司擅自从消防设施取水案

【案件基本情况】

2023 年 2 月 27 日，北京市水务局执法人员在检查中发现，北京某有限公司在北京市昌平区某地，擅自从消防设施取水。

立案后，执法人员进行了现场拍照取证，收集了相关证据材料，制作了"现场勘验笔录"和"询问笔录"。经查实，该公司某职员未取得相关部门的许可，利用一根 15 米长的消防水带连接消防井的消防设施取水，用来冲洗污水管线，取水时间约有半小时，取水量约 10 立方米。该职员陈述其从消防设施取水系公司安排；执法人员与公司负责人核实情况属实，职员取水行为系公司安排。该公司的行为违反了《北京市节约用水办法》①第四十二条之规定，属于违法行为。该公司对违法事实认定无异议。

2023 年 2 月 28 日，执法人员向当事人送达了"责令限期改正通知书"。2023 年 3 月 2 日，执法人员复查发现，当事人已按要求进行了改正。同日执法人员向当事人送达了"行政处罚事先告知书"，并听取了当事人的陈述、申辩，制作了"陈述、申辩笔录"。

---

① 《北京市节约用水办法》于 2005 年 3 月 15 日北京市人民政府第 155 号令公布，根据 2012 年 4 月 27 日北京市人民政府第 244 号令修改。根据北京市人民政府令第 309 号《关于废止〈北京市节约用水办法〉等 4 项政府规章的决定》，2023 年 6 月 18 日废止。

综合案件事实、情节及危害后果等因素，依据《北京市节水条例》第六十五条和《北京市水行政处罚裁量基准》之规定，北京市水务局对当事人作出罚款 3 万元的行政处罚决定。2023 年 4 月 22 日，执法人员向当事人送达了"北京市水务局行政处罚决定书"和"北京市非税收入缴款通知书"。当事人于 2023 年 4 月 24 日缴纳了罚款。此案执行完毕。

【法律依据】

《北京市节约用水办法》第四十二条："公共供水设施、消防设施的管理责任人应当加强对供水设施和消防设施的日常维护管理，采取有效措施，防止单位和个人浪费用水或者擅自取水。"

《北京市节约用水办法》第六十五条："违反本办法第四十二条规定，擅自从公共供水设施、消防设施取水的，由节水管理部门责令限期改正，对单位处 1 万元以上 10 万元以下罚款，对个人处 100 元以上 1000 元以下罚款；造成设施损坏的，由责任人负责修复或者赔偿损失。"

《北京市节水条例》第二十九条第三款："园林绿化、环境卫生、建筑施工等需要临时用水的，应当向水务部门申请临时用水指标。"

《北京市节水条例》第六十一条："违反本条例第二十九条第三款规定，用水单位未依法取得临时用水指标擅自用水的，由水务部门责令限期改正，处二万元以上十万元以下罚款。"

【案件评析】

本案中涉及两个比较有特点的法律问题。第一，如何区分行政处罚的对象是单位还是个人。第二，因《北京市节水条例》自 2023 年 3 月 1 日起施行，本案如何适用法律问题。

第一，本案中如何区分行政处罚的对象是单位还是个人。

《中华人民共和国行政处罚法》第四条规定："公民、法人或者其他组织违反行政管理秩序的行为，应当给予行政处罚的，依照本法由法律、法规、规章规定，并由行政机关依照本法规定的程序实施。"可见我国行政处罚规定的处罚对象包括公民、法人和其他组织，故行政处罚的对象可以是单位也可以是个人。行政处罚的对象是国家行政机关和法定授权组织给予制裁的相对人，即实施了违反行政法律规范的违法行为人。

在行政法中，行政处罚对象的具体认定未作出详细规定，但可以依据刑法中对于单位犯罪和个人犯罪的区分逻辑，对行政处罚对象作出具体认定。作为单位组成人员的自然人的双重身份决定了其在实际生活中的行为既可能是单位行为，也可能是个人行为。因此，要如何判断单位成员所实施的行为是单位行为还是个人行为，就成为实践中认定处罚对象是否属于单位违法的关键。

最高人民法院指出，单位行为与个人行为的区分，在实践中可以结合以下四个方面来加以具体判断。

（1）单位是否真实、依法成立

单位是依照有关法律设立，具备财产、名称、场所、组织机构等承担法律责任所需条件的组织。对于为了进行违法犯罪活动而设立的公司、企业、事业单位实施犯罪的，或者公司、企业、事业单位设立后，以实施犯罪为主要活动的，由于不符合单位设立的宗旨，且通常具有借此规避法律制裁的非法目的，故应按自然人犯罪处理。

（2）是否属于单位整体意志支配下的行为

单位犯罪是在单位意志支配下实施的，行为人的行为是单位意志的体现；而个人犯罪则完全是在其个人意志支配下实施的，体现的是其个人意志。单位意志一般由单位决策机构或者有权决策人员通过一定的决策程序来加以体现。未经单位集体研究决定或者单位负责人决定、同意的行为，一般不能认定为单位意志行为。

（3）是否为单位牟取利益

在故意犯罪尤其是牟利型犯罪中，只有在为本单位牟取利益的情况下，才能认定为单位行为。例如，为单位牟取非法利益而进行走私，违法所得全部归单位所有的，即属单位行为；相反，即便以单位名义走私，但违法所得由参与人个人私分的，则一般应认为是自然人共同犯罪。

（4）是否以单位名义实施

一般情况下，单位犯罪要求以单位名义实施。对于这里的"以单位名义"应作实质性理解。对于打着单位旗号，利用单位名义为个人牟利而非为单位谋利益的不法行为，不能认定为单位犯罪。此外，针对不少法院以单位无被挂靠单位的实际出资及系个人经营为由从根本上否定单位之实体存在进而否定成立单位犯罪的错误做法，最高人民法院还指出，根据《最高人民法院关于审理单位犯罪案件具体应用法律有关问题的解释》第一条、第二条规定，单位存在的真实与否及单位行为的认定，与单位的所有权性质、经营形式无关，同时不得以出资未到位而将之简单地认定为违法设立的单位。

在本行政处罚案件中，该公司是依照《中华人民共和国公司法》设立，具备财产、名称、场所、组织机构等承担法律责任所需条件的有限责任公司；违法取水行为虽由公司职员具体实施，但系该公司单位负责人通过会议形式要求该员工实施上述违法行为，系公司意志的体现。综上所述，该案认定为单位违法事实清晰，当事人认定正确，符合单位违法认定情形。

第二，因《北京市节水条例》自2023年3月1日施行，但本案2023年2月立案查处时适用《北京市节约用水办法》，那么3月下发"行政处罚事先告知书"，是适用《北京市节约用水办法》还是《北京市节水条例》。

《中华人民共和国立法法》第九十三条规定："法律、行政法规、地方性法规、自治条例和单行条例、规章不溯及既往，但为了更好地保护公民、法人和其他组织的权利和利益而作的特别规定除外。"《中华人民共和国行政处罚法》第三十七条规定:"实施行政处罚,适用违法行为发生时的法律、法规、规章的规定。但是,作出行政处罚决定时,法律、法规、规章已被修改或者废止,且新的规定处罚较轻或者不认为是违法的,适用新的规定。"《关于审理行政案件适用法律规范问题的座谈会纪要》第三条关于新旧法律规范的适用规则的规定:"根据行政审判中的普遍认识和做法,行政相对人的行为发生在新法施行以前,具体行政行为作出在新法施行以后,人民法院审查具体行政行为的合法性时,实体问题适用旧法规定,程序问题适用新法规定,但下列情形除外:(一)法律、法规或规章另有规定的;(二)适用新法对保护行政相对人的合法权益更为有利的;(三)按照具体行政行为的性质应当适用新法的实体规定的。"《最高人民法院办公厅关于印发〈行政审判办案指南(一)〉的通知》(法办〔2014〕17 号)第十七条规定:"行政处罚作出过程中法律规定发生变化时的选择适用问题。被诉行政处罚决定作出过程中新法开始施行的,一般按照实体从旧、程序从新的原则作出处理,但新法对原告更有利的除外。"从以上法律规定可知,新法是否具有溯及力,应秉持"法不溯及既往""有利溯及既往"与"从旧兼从轻"的原则。本案原则上适用立案时即违法行为发生时的法律依据《北京市节约用水办法》;若《北京市节水条例》相应违法行为对应的处罚后果更有利于行政相对人,则适用《北京市节水条例》。应根据行政相对人的具体违法行为及处罚后果在《北京市节约用水办法》与《北京市节水条例》中的具体规定而选择适用。如果适用《北京市节水条例》能够更好地保护公民、法人和其他组织的权利和利益,这种情况则为"有利溯及",则《北京市节水条例》相关规定可以作为处罚依据。

实务中,根据案件情况选择适用《北京市节水条例》还是《北京市节约用水办法》时,应注意三点:①实施行政处罚,程序适用新的规定;②实施行政处罚，实体适用违法行为发生时对应的法律、法规、规章的规定；③当处罚决定作出时，法律、法规、规章已经被修改或者废止，且新的规定处罚较轻或者不认为是违法的，适用有利于行为人的新的规定。

📰 案例五 » 张某某从消防用水设施非法用水案

【案件基本情况】

2023 年 3 月 28 日，北京市水务局执法人员在检查中发现，张某某在北京市密云区某小区从消防用水设施非法用水。

立案后，执法人员进行了现场拍照取证，收集了相关证据材料，制作了"现场勘验笔录"和"询问笔录"。经查实，张某某存在从消防用水设施非法用水的情况。张某某的行为违反了《北京市节水条例》第三十九条第一款之规定，属于违法行为。张某某对违法事实认定无异议。

2023 年 3 月 28 日，执法人员向张某某送达了"责令限期改正通知书"。同日复查发现，张某某已按要求进行了改正，已停止从消防用水设施非法用水。同日，执法人员向张某某送达了"行政处罚事先告知书"，并听取了张某某的陈述、申辩，制作了"陈述、申辩笔录"。

综合案件事实、情节及危害后果等因素，根据《北京市节水条例》第六十八条的规定，北京市水务局作出对张某某处以罚款 1000 元的决定。张某某于 2023 年 5 月 10 日缴纳了罚款。此案执行完毕。

【法律依据】

《北京市节水条例》第三十九条第一款："任何单位和个人不得从园林绿化、环境卫生、消防等公共用水设施非法用水。"

《北京市节水条例》第六十八条："违反本条例第三十九条第一款规定，

从园林绿化、环境卫生、消防等公共用水设施非法用水的，由水务部门责令停止违法行为，对单位处一万元以上十万元以下罚款，对个人处一千元以上一万元以下罚款。"

【案件评析】

根据国家消防救援局2023年7月发布的统计数据，2023年上半年全国日均火灾超3000起，全国共接报火灾55万起。消防用水是"救命水"，擅自使用或挪用用于消防的水源和设备可能会对消防应对能力造成严重影响，延缓灭火救援行动、增加火灾扩大和损失的风险，属于违法行为。本案是一起典型的从消防用水设施非法用水的案件，案件的查处，做到了事实清楚、证据确凿、法律适用准确、量罚适当。水行政机关依法作出行政处罚决定后，张某某在规定期限内缴纳了罚款，未申请行政复议或者提起行政诉讼。结合执法实践，本案可以从以下三个角度进行把握、分析。

一是违法事实认定和法律适用的准确性。在本案中，执法部门展现了高度的专业素养和法律适用的准确性。水行政执法人员对新颁布实施的《北京市节水条例》涉及的法律法规进行了详尽的研究和分析，确保了对涉事行为的定性是基于准确的法律依据。水行政执法人员在日常检查中发现了当事人的违法行为；在调查过程中采取了多种调查方式，包括现场勘查、调查询问等。"现场勘验笔录""询问笔录"等证据形成了认定案件事实的完整证据链。为后续的法律适用和行政处罚裁量提供了坚实的基础。

二是在处罚阶段表现出审慎和公正的态度。执法人员综合考虑了案件的事实、性质、情节、社会影响等因素，确保了处罚与违法行为的危害程度相符合。《北京市节水条例》针对公共用水设施非法用水加大了对个人的处罚力度。经勘验和询问，当事人取水时间大约为5分钟，取水量5~6立方米；结合当事人积极配合执法机关的调查、询问，立即停止了违法行为，没有造成严重后果，北京市水务综合执法总队根据《关于在疫情期间加强包容审慎柔性执法的通知》，对当事人处以罚款 1000 元的行政处罚。通过恰当的裁量，执法机关既体现了对违法行为的惩罚，又保障了法律的公平公正原则。

三是全面落实"谁执法谁普法"责任制，在执法过程中对当事人进行法律知识和节水知识宣讲。本案中，执法人员在案件办理的过程中除了责令当事人停止违法行为，还向当事人讲明从消防用水设施非法用水对公共利益造成的危害：从消防栓非法取用水可能导致火灾应急响应能力下降，增加火灾蔓延风险，危害社会安全和稳定，造成他人人身和财产的损失；公共消防设施的水源是有限的社会资源，非法取用水会导致资源的浪费。执法人员告知当事人维护公共用水设施的正常运行，杜绝水资源浪费是每个公民的义务，并说明违法可能产生的后果和面临的处罚，让本案当事人深刻认识到自身的违法行为，并保证今后不再犯类似的错误。案件的查处，也具有一定的震慑作用，为广大老百姓阐明了消防用水设施具有公益属性，不得用于牟取个人私利、擅自取用，纠正了人民群众"消防设施里的水存着也是存着，用用无所谓"错误的惯性思维。发挥"查处一案、警示一片、规范一方"的治本作用，让更多的人不再犯错误，不再成为"案中人"。

案例六 » 北京某汽车装饰中心未使用循环用水设施案

【案件基本情况】

2023 年 4 月 26 日 14 时 30 分，北京市平谷区水务局水务综合执法队接北京市平谷区人民检察院检察建议书：北京市某加油站已建成循环用水设施，但未投入使用。2023 年 4 月 26 日 15 时 25 分，北京市平谷区水务局依法予以立案。2023 年 4 月 27 日，执法人员进行现场调查确定，检察建议书中提到北京市某加油站建成的循环用水设施实际所有人为北京某汽车装饰中心。当日，执法人员对当事人进行了现场检查、现场实景拍照、询问调查等取证工作，证据材料有现场检查笔录、现场实景照片、询问笔录等证据佐证。

经查实，当事人在北京市平谷区某镇的洗车店自 2023 年 3 月 20 日至 4 月 27 日未使用循环用水设施。此行为违反了《北京市节水条例》第三十八条的规定，属于违法行为。当事人对以上事实无异议。

依据《北京市节水条例》第六十七条的规定和《中华人民共和国行政处罚法》第二十八条第一款的规定，2023 年 4 月 27 日，执法人员向当事人送达了"北京市平谷区水务局责令限期改正通知书"，责令当事人两日内正常使用循环用水设施，并接受复查。2023 年 5 月 5 日，执法人员复查发现，当事人在北京市平谷区某镇的洗车店已使用循环用水设施。

综合案件事实、情节及危害后果等因素，依据《中华人民共和国行政处罚法》第七条、第四十四条的规定，平谷区水务局于 2023 年 5 月 5 日向当事人送达了"北京市平谷区水务局行政处罚事先告知书"，当事人在法定期限内自愿放弃陈述、申辩的权利。

鉴于当事人在规定时间内整改完毕，2023 年 5 月 12 日北京市平谷区水务局给予当事人警告的行政处罚。当日，执法人员向其送达了"北京市水务局水行政处罚决定书"。此案执行完毕。

【法律依据】

《北京市节水条例》第三十八条："提供洗车服务的用水户应当建设、使用循环用水设施，并向水务部门报送已建成循环用水设施的登记表；位于再生水输配管网覆盖范围内的，应当使用再生水，并按照要求向水务部门提供再生水供水合同。"

《北京市节水条例》第六十七条："违反本条例第三十八条规定，提供洗车服务的用水户未建设、使用循环用水设施或者未按照规定使用再生水的，由水务部门责令限期改正，给予警告；逾期不改正的，处一万元以上五万元以下罚款；未按照规定向水务部门报送已建成循环用水设施的登记表或者提供再生水供水合同的，由水务部门责令限期改正，给予警告；逾期不改正的，处一千元以下罚款。"

《中华人民共和国行政处罚法》第二十八条第一款："行政机关实施行政处罚时，应当责令当事人改正或者限期改正违法行为。"

《中华人民共和国行政处罚法》第四十四条："行政机关在作出行政处罚决定之前，应当告知当事人拟作出的行政处罚内容及事实、理由、依据，并告知当事人依法享有的陈述、申辩、要求听证等权利。"

《中华人民共和国行政处罚法》第六十二条："行政机关及其执法人员在作出行政处罚决定之前，未依照本法第四十四条、第四十五条的规定向当事人告知拟作出的行政处罚内容及事实、理由、依据，或者拒绝听取当事人的陈述、申辩，不得作出行政处罚决定；当事人明确放弃陈述或者申辩权利的除外。"

【案情评析】

依据《中华人民共和国行政处罚法》的规定，行政机关作出行政处罚前必须保障当事人享有的知情权和陈述或申辩的权利，否则不得作出行政处罚决定。当事人明确放弃申述或申辩权利的，不影响行政机关作出行政处罚决定的法律效力。

如前所述，北京市属于资源型极度缺水城市，水资源短缺是首都经济社会发展的最大瓶颈。用水户在提供洗车服务时使用循环用水设施能够有效避免水资源浪费。循环用水处理设施是对洗车后的污水进行回收、过滤等处理后，转变为再生水再次用于洗车，具有实现节约用水、降低运营成本等特点。由此可见，使用循环用水设施对于节水是一项十分重要的措施。

水务部门在履行好节水监督检查职责的同时，要广泛开展节水宣传教育，普及节水理念和方法，加强对特殊用水行业的监督管理。要求提供洗车服务的用水户要在洗车服务过程中，增强节水意识，落实节水责任，掌握节水方法。

📰 **案例七 »**　　北京某汽车服务有限公司提供洗车服务未建设循环用水设施案

【案件基本情况】

2023 年 4 月 5 日，北京市水务局执法人员在检查中发现，北京某汽车服务有限公司在北京市东城区提供洗车服务，未建设循环用水设施。

立案后，执法人员进行了现场拍照取证，收集了相关证据材料，制作了"现场勘验笔录"和"询问笔录"。经查实，当事人用市政水源提供洗车服务，且未建设循环用水设施。当事人的行为违反了《北京市节水条例》第三十八条之规定，属于违法行为。当事人对违法事实认定无异议。

2023 年 4 月 6 日，执法人员向当事人送达了"责令限期改正通知书"。2023 年 4 月 10 日，执法人员复查发现，当事人已按要求进行了改正，建设了循环用水设施并可正常使用。同日，执法人员向当事人送达了"行政处罚事先告知书"，并听取了当事人的陈述、申辩，制作了"陈述、申辩笔录"。

综合案件事实、情节及危害后果等因素，依据《北京市节水条例》第六十七条，北京市水务局对当事人作出警告的行政处罚。2023 年 5 月 9 日，执法人员向当事人送达了"北京市水务局行政处罚决定书"。此案执行完毕。

【法律依据】

《北京市节水条例》第三十八条："提供洗车服务的用水户应当建设、使用循环用水设施，并向水务部门报送已建成循环用水设施的登记表；位于再生水输配管网覆盖范围内的，应当使用再生水，并按照要求向水务部门提供再生水供水合同。"

《北京市节水条例》第六十七条："违反本条例第三十八条规定，提供洗车服务的用水户未建设、使用循环用水设施或者未按照规定使用再生水的，由水务部门责令限期改正，给予警告；逾期不改正的，处一万元以上五万元以下罚款；未按照规定向水务部门报送已建成循环用水设施的登记表或者提供再生水供水合同的，由水务部门责令限期改正，给予警告；逾期不改正的，处一千元以下罚款。"

【案件评析】

提供洗车服务的用水户的操作规范性，是水务综合执法领域内一项重要的监管内容，执法检查重点为水源性质、计量缴费、循环用水设施等。

提供洗车服务的水源性质，按是否在再生水输配管网覆盖范围可分为市政水源和再生水水源。按照《北京市节水条例》第三十八条的要求，位于再生水输配管网覆盖范围内的，应当使用再生水，并按照要求向水务部门提供再生水供水合同；位于再生水输配管网覆盖范围外的，本市鼓励提供洗车服务的商户购买、使用再生水。若商户所在地点建有自建中水设施，商户也可购买使用自建中水设施内再生水为水源。同时，在再生水输配管网覆盖范围外购买再生水使用，商户应妥善留存再生水买卖合同、相关票据等备查。

在计量缴费中，要进一步区分商户用水性质并分别计量缴费。本市再生水价格拟由政府指导价调整为市场调节价，使用再生水提供洗车服务的商户，应按合同价进行缴费。洗车业，按照《北京市节水条例》第七十条第三项的要求，属特殊用水行业，使用市政水源的商户应按照《关于本市水价有关问题的通知》（京发改〔2018〕115号）的规定执行160元/立方米的价格。同时，要将商户内洗车用水和其他用水进行区分，分别计量缴费。

循环用水设施具体可分为以下情况：一是商户使用市政水源提供洗车服务，应建设使用循环用水设施，并向水务部门报送已建成循环用水设施的登记表；二是商户使用再生水水源提供洗车服务，由于再生水的产品属性较强、资源属性较弱，可不需要进行循环使用；三是商户使用市政水源提供洗车服务，排入楼宇内自建中水设施，如大型商超内洗车店排水进入楼宇自建中水设施进行循环使用，也属循环使用。本市鼓励提供洗车服务的商户使用再生水，同时使用循环用水设施，进一步提高使用效率，降低新水用量。

本案为典型的使用市政水源应建设使用循环用水设施的情形，案件事实清楚，有现场勘验笔录、当事人陈述等为证据，适用法条正确，按照《北京市水行政处罚自由裁量基准》的要求规范行使了裁量权。

据相关资料记载，每次洗车平均耗水50升，截至2023年年底，北京市机动车保有量已达758.9万辆，可见全市洗车总体耗水量偏高。政府通过价格机制和法律规定，进一步引导了全市洗车行业用水向新水减量、循环增效、绿色惠民方向迈进。

案例八 »　　北京某汽车服务有限公司未按照规定向水务部门报送再生水供水合同案

【案件基本情况】

2023年3月8日，北京市水务局执法人员在检查中发现，北京某汽车服务有限公司在北京市朝阳区某洗车店提供洗车服务，未按照规定向水务部门报送再生水供水合同。

立案后，执法人员进行了现场拍照取证，收集了相关证据材料，制作了"现场勘验笔录"和"询问笔录"。经查实，该公司于 2018 年 11 月 30 日开始采用市政水源提供洗车服务，于 2022 年下半年开始采用再生水水源提供洗车服务，但未按照规定向水务部门报送再生水供水合同。当事人的行为违反了《北京市节水条例》第三十八条之规定，属于违法行为。当事人对违法事实认定无异议。

2023 年 3 月 9 日，执法人员向当事人送达了"责令限期改正通知书"。2023 年 3 月 24 日，执法人员复查发现，当事人已按要求进行了改正，于 2023 年 3 月 13 日向水务部门提供了再生水供水合同，但由于再生水供水合同不符合要求，水务部门未受理。2023 年 3 月 24 日，执法人员向当事人送达了"行政处罚事先告知书"，并听取了当事人的陈述、申辩，制作了"陈述、申辩笔录"。

综合案件事实、情节及危害后果等因素，依据《北京市节水条例》第六十七条，北京市水务局对当事人作出警告并处以罚款 350 元的行政处罚。2023 年 5 月 11 日，执法人员向当事人送达了"北京市水务局行政处罚决定书"和"北京市非税收入缴款通知书"。当事人于 2023 年 5 月 11 日缴纳了罚款。此案执行完毕。

【法律依据】

《北京市节水条例》第三十八条："提供洗车服务的用水户应当建设、使用循环用水设施，并向水务部门报送已建成循环用水设施的登记表；位于再生水输配管网覆盖范围内的，应当使用再生水，并按照要求向水务部门提供再生水供水合同。"

《北京市节水条例》第六十七条："违反本条例第三十八条规定，提供洗车服务的用水户未建设、使用循环用水设施或者未按照规定使用再生水的，由水务部门责令限期改正，给予警告；逾期不改正的，处一万元以上五万元以下罚款；未按照规定向水务部门报送已建成循环用水设施的登记表或者提供再生水供水合同的，由水务部门责令限期改正，给予警告；逾期不改正的，处一千元以下罚款。"

【案件评析】

根据《中华人民共和国行政处罚法》第九条的规定，行政处罚有以下六种："（一）警告、通报批评；（二）罚款、没收违法所得、没收非法财物；（三）暂扣许可证件、降低资质等级、吊销许可证件；（四）限制开展生产经营活动、责令停产停业、责令关闭、限制从业；（五）行政拘留；（六）法律、行政法规规定的其他行政处罚。"

在行政处罚中，对当事人的同一个违法行为，两个不同种类的处罚可以并用，比如警告和罚款。但根据我国《中华人民共和国行政处罚法》第二十九条的规定："对当事人的同一个违法行为，不得给予两次以上罚款的行政处罚。同一个违法行为违反多个法律规范应当给予罚款处罚的，按照罚款数额高的规定处罚。"

在行政处罚中，警告和罚款相比较，后者比前者严重。警告是指行政处罚主体对公民、法人或其他组织违反行政管理法规的行为给予严肃告诫的一种行政处罚。从性质上分，警告属于申诫罚的一种。申诫罚是影响违法者声誉的处罚，是行政机关对行政违法人提出的谴责、警告，使其引起警惕，防止其继续违法的措施。

对于当事人未按照规定向水务部门报送再生水供水合同，且逾期不改正的行为给予警告并罚款的行政处罚，是否属于行政处罚"一事不二罚"

范畴，分析如下。

行政处罚"一事不二罚"，是指行政机关不得以同一事实和同一依据，对当事人的同一个违法行为给予两次罚款的行政处罚。

（1）对"同一个违法行为"的理解与界定

①同一个违法行为，是指一个独立的违法行为而非一类违法行为。

②同一个违法行为在实施的主体上，是同一违法行为人。

③同一个违法行为，是指一个独立完整的违法事实而非一次违法事件。

④同一个违法行为，是指该违法行为的全貌，如果违法行为人针对该行为向行政处罚主体做了重大欺瞒，且该欺瞒导致处罚主体对违法行为的判定产生重大影响，则处罚主体在第一次处罚后可以根据新查明的事实情况对违法当事人追加处罚。

（2）对于复杂违法行为是否属于"一事"的判断

在构成要件上，只符合一个违法行为的特征，如果符合两个及以上违法行为的构成，则不属于"一事"。

①对连续违法行为的界定。连续违法行为，是指出于同一违法故意，连续实施数个独立的、符合数个违法构成的同一性质的违法行为，触犯同一法律规范规定的行为。

对连续行为以行政机关发现并处罚为界限来界定是否属于"一事"。行政机关发现违法行为连同以前数次连续行为，界定在"一事"范围内。比如行为人受处罚后再实施连续违法行为，则按上述原则界定为新的"一事"。

②对继续行为的界定。继续行为，是指某种违法行为从开始到终止前，在时间上一直处于继续状态。对继续行为，不分时间长短，都界定为"一事"。

③对牵连行为的界定。牵连行为，是指出于一个违法目的，而违法方式或结果又牵连地构成其他违法。对牵连行为，也宜界定为"一事"作出

处罚。

④对违法既遂、违法未遂的界定。违法既遂，是指行为人实施的行为已经具备某种违法行为构成的全部要件。对既遂行为，应将整个过程视为"一事"，不能再分预备、实行等阶段，处以数个行政处罚。

违法未遂，是指已着手实施违法行为，但由于行为人意志以外的原因，而没有完成违法行为。由于行为人已开始实施行为，已构成违法，故也应界定为"一事"处罚。

（3）"不再罚"的界定

不再罚，是指对行为人的同一违法行为进行罚款的处罚后，不得给予第二次及以上的罚款处罚。界定不再罚，应把握以下两点。

①对行为人同一违法行为进行罚款处罚后，对于没有法律规定的，不得再对行为人作出第二次及以上的罚款处罚。同一违法行为违反多个法律规范应当给予罚款处罚的，应当按照罚款数额高的规定处罚。

②不再罚，不包括在一次处罚中给予行为人两种以上的处罚。

（4）"一事不再罚"的例外情形

①并处，是指法律规定对行为人同一违法行为同时适用两种及以上的行政处罚形式。行政处罚中，在法律没有并处规定和特殊情况时，原则上只能对行为人适用一种处罚形式；在法律明确规定并处时，可同时适用两种及以上的处罚形式。

②受申诫罚后，行为人拒不改正违法行为的，可再处较重的处罚。警告是对行为人精神上、名誉的惩戒，不涉及财产利益，如行为人拒不改正违法行为，可再给予其他较重的处罚。

③责令改正违法行为，行为人拒不改正的，可再适用其他较重的处罚。

案例九 » 　　北京市某纺织集团有限责任公司未经批准擅自取水案

【案件基本情况】

2023 年 3 月 2 日，北京市水务局执法人员在检查中发现，北京某纺织集团有限责任公司于 2018 年至 2021 年 11 月期间在北京市朝阳区某社区未经批准擅自取水。

立案后，执法人员进行了现场拍照取证，收集了相关证据材料，制作了"现场勘验笔录"和"询问笔录"。经查实，当事人在北京市朝阳区某社区共有取水机井 3 眼，2018 年至 2021 年 11 月以自备井取水缴费，但是当事人未取得该期间的取水许可。当事人的行为违反了《中华人民共和国水法》①第四十八条第一款之规定，属于违法行为。当事人对违法事实认定无异议。

执法人员依据《中华人民共和国行政处罚法》第二十八条第一款规定，告知当事人改正违法行为并采取补救措施。当事人于 2021 年 11 月完成改用自来水改造，于 2022 年 10 月完成封井，并提供了封井和缴纳水资源税费的相关材料。2023 年 4 月 13 日，执法人员向当事人送达了"行政处罚事先告知书"。当事人进行了陈述、申辩，执法人员制作了"陈述、申辩笔录"。

当事人取水量大于 200 立方米，对当事人希望免于处罚或从轻处罚的陈述、申辩不予采纳。2023 年 6 月 6 日，执法人员向当事人送达了"北京

---

① 《中华人民共和国水法》于 1988 年 1 月 21 日第六届全国人民代表大会常务委员会第二十四次会议通过，2002 年 8 月 29 日第九届全国人民代表大会常务委员会第二十九次会议修订，根据 2009 年 8 月 27 日第十一届全国人民代表大会常务委员会第十次会议《关于修改部分法律的决定》第一次修正，根据 2016 年 7 月 2 日第十二届全国人民代表大会常务委员会第二十一次会议通过的《关于修改〈中华人民共和国节约能源法〉等六部法律的决定》第二次修正。

市水务局行政处罚决定书"，作出罚款 8.1 万元的行政处罚。2023 年 6 月 19 日，当事人缴纳了罚款。此案执行完毕。

【法律依据】

《中华人民共和国水法》第四十八条第一款："直接从江河、湖泊或者地下取用水资源的单位和个人，应当按照国家取水许可制度和水资源有偿使用制度的规定，向水行政主管部门或者流域管理机构申请领取取水许可证，并缴纳水资源费，取得取水权。但是，家庭生活和零星散养、圈养畜禽饮用等少量取水的除外。"

《中华人民共和国水法》第六十九条："有下列行为之一的，由县级以上人民政府水行政主管部门或者流域管理机构依据职权，责令停止违法行为，限期采取补救措施，处二万元以上十万元以下的罚款；情节严重的，吊销其取水许可证：

（一）未经批准擅自取水的；

（二）未依照批准的取水许可证规定条件取水的。"

《中华人民共和国行政处罚法》第二十八条第一款："行政机关实施行政处罚时，应当责令当事人改正或者限期改正违法行为。"

【案件评析】

水资源属于国家所有，国家对水资源依法实行取水许可和有偿使用制度。取水许可是国家加强水资源管理的一项重要措施，是协调和平衡水资源供求关系，实现水资源永续利用的可靠保证，未经批准不得非法取水。

本案是一起企业未经批准擅自取水的案件。案件的查处，做到了事实清楚、证据确凿、法律适用准确、量罚适当，当事人未在规定期限内申请行政复议或者提起行政诉讼。结合执法实践，本案可以从以下三个角度进行把握、分析。

一是准确判定当事人的违法行为。执法人员在现场检查中发现当事人存在从江河、湖泊或者地下取用水资源的行为，且并未向当地水行政主管部门申请取得取水许可证，已经符合了客观行为要件，属违法行为。通过对当事人的询问得知，当事人明知自己无权取水而仍然进行，也存在主观行为违法要件，这给之后的处罚、量罚提供了支撑。执法人员当即对其进行了批评教育，责令其停止违法行为，并告知其应承担的法律后果。

二是在办案过程中，从严规范办案程序，从细提高办案质量。执法总队严格执行重大案件法制审核制度，确保重大行政处罚决定的合法性及合理性，维护当事人的合法权益；对较大数额罚款的行政处罚决定，由总队主要负责人集体讨论决定，避免个别人员的主观意识对处罚决定产生过大影响。通过重大案件法制审核制度、集体决策等措施的有机结合，执法总队在维护法律的权威性和社会的公平正义方面起到了积极的作用。

三是以取水量作为裁量因素，确定处罚金额合法合规。处罚金额优先以取水量作为裁量因素。本案当事人的水资源缴费凭证显示，2019 年度取水量是 613914 立方米，2020 年度取水量是 481858 立方米，2021 年度取水量是 66161 立方米。根据当事人取水水量大，应处 8 万元以上 10 万元以下的罚款。鉴于，一是该公司负责人认错态度良好，积极提供相关资料，配合执法人员现场取证；二是当事人在案发后随即停止取水，对机井进行封填，并及时向所在区县水行政主管部门提出取水申请；三是该公司一直在足额缴纳未办理取水许可证而擅自取水的费用。北京市水务局结合《关于在疫情期间加强包容审慎柔性执法的通知》，决定对该企业处以罚款8.1万元的行政处罚，坚持了"过罚相当"。

📰 案例十 » 　　　王某某未经批准开凿机井案

【案件基本情况】

2022 年 4 月 15 日，北京市昌平区水务综合执法队执法人员接到举报称，有人在昌平区小汤山镇某村山前地内私自打井开采地下水。

立案后，执法人员进行了现场拍照取证，收集了相关证据材料，制作了"现场勘验笔录"和"询问笔录"。经查实，当事人王某某于 2021 年 12 月 19 日在昌平区小汤山镇某村山前地内未经批准开凿机井。该行为违反了《北京市实施〈中华人民共和国水法〉办法》①第十七条第一款的规定，属于违法行为。当事人对违法事实认定无异议。

2022 年 4 月 15 日，执法人员向当事人送达了"责令限期改正通知书"，责令其停止违法行为，限期补办手续。2022 年 5 月 5 日，执法人员复查发现，当事人限期内未补办许可手续，已自行封填机井。同日，执法人员向当事人送达了"行政处罚事先（听证）告知书"，当事人没有申辩和陈述意见，也不要求听证。

综合案件事实、情节及危害后果等因素，2022 年 5 月 16 日，北京市昌平区水务局依据《北京市实施〈中华人民共和国水法〉办法》第五十七条、《北京市常用水行政处罚裁量基准表》第一部分第九条的规定，对王某某作出罚款 3.1 万元的行政处罚。

---

① 《北京市实施〈中华人民共和国水法〉办法》于 2004 年 5 月 27 日北京市第十二届人民代表大会常务委员会第十二次会议通过，根据 2019 年 7 月 26 日北京市第十五届人民代表大会常务委员会第十四次会议通过的《关于修改〈北京市河湖保护管理条例〉〈北京市农业机械化促进条例〉等十一部地方性法规的决定》修正，根据 2022 年 11 月 25 日北京市第十五届人民代表大会常务委员会第四十五次会议通过的《关于修改〈北京市实施中华人民共和国水法办法〉的决定》修正，自 2023 年 3 月 1 日起施行。

2022 年 5 月 19 日，执法人员向当事人送达了"北京市水务局行政处罚决定书"和"行政处罚缴款书"。

当事人收到行政处罚决定书后，在规定的缴纳期限内以经济困难为由，申请分期缴纳罚款。经过分期缴纳罚款审批程序后，北京市昌平区水务局依法准予当事人分期缴纳罚款。当事人于 2022 年 6 月 6 日缴纳了罚款 1.5 万元，8 月 31 日缴纳了罚款 1.6 万元。此案执行完毕。

【法律依据】

《北京市实施〈中华人民共和国水法〉办法》第十七条："开凿机井应当经水务部门批准。

凿井工程竣工后，机井使用单位应当将凿井工程的有关技术资料报水务部门备案。"

《北京市实施〈中华人民共和国水法〉办法》第四十四条："违反本办法第十七条规定，未经批准开凿机井的，或者未依照批准的取水许可规定条件取水的，由水行政主管部门责令停止违法行为，限期补办手续，并处二万元以上六万元以下的罚款；逾期不补办手续的，责令封井。"

《中华人民共和国行政处罚法》第三十六条："违法行为在二年内未被发现的，不再给予行政处罚；涉及公民生命健康安全、金融安全且有危害后果的，上述期限延长至五年。法律另有规定的除外。

前款规定的期限，从违法行为发生之日起计算；违法行为有连续或者继续状态的，从行为终了之日起计算。"

《中华人民共和国行政处罚法》第六十六条："行政处罚决定依法作出后，当事人应当在行政处罚决定书载明的期限内，予以履行。

当事人确有经济困难，需要延期或者分期缴纳罚款的，经当事人申请和行政机关批准，可以暂缓或者分期缴纳。"

【案件评析】

本案是一起个人未经批准开凿机井的案件。案件的查处，做到了事实清楚、证据确凿、法律适用准确、量罚适当，当事人经过申请分期缴纳罚款程序后，在期限内分两期缴纳了罚款，在规定期限内未申请行政复议或者提起行政诉讼。结合执法实践，本案可以从以下两个角度进行把握分析。

一是未经批准开凿机井的认定。机井的开凿时间是本案违法事实认定的关键，执法人员在制作"询问笔录"的过程中通过准确记录当事人的回答内容，并以"土地承包协调"的签订日期作为佐证，以此明确违法行为发生时间，用以起算违法行为的追责时效。如果开凿机井未补办许可手续并持续使用，则违法行为处于继续状态，追责时效以行为终了之日起算，不会超过追责时效。

二是充分保障当事人合法权利。本案中，行政机关充分保障了当事人合法权利，如履行了行政处罚事先告知（听证）程序。根据《中华人民共和国行政处罚法》第六十六条第二款"当事人确有经济困难，需要延期或分期缴纳罚款的，经当事人申请和行政机关批准，可以暂缓或分期缴纳"的规定，行政机关不光是在"行政处罚决定书"中明确告知当事人，并在当事人提出分期缴纳罚款申请后，依法启动了分期缴纳罚款程序并准许分期缴纳。最后，当事人在期限内分两期缴纳了罚款。2020年以来，新型冠状病毒席卷全球，对经济社会造成了一定的冲击，执法实践中不少当事人出现了经营困难、资金无法周转的情况，不得不申请延期或分期缴纳罚款，对于当事人确有经济困难，申请延期或分期缴纳罚款的准予，是行政机关推动优化营商环境，包容审慎为行政相对人纾困解难的有效方式，既是充分地保障当事人的合法权益，也是体现行政执法的"温度"。

综上，未经批准开凿机井的行为会加剧地下水资源的短缺和污染，此类案件的线索大部分是来自群众的举报，在日常监管过程中，应加强对此类问题线索的排查力度。同时，执法部门也要加大对私自打井的执法力度，发现一起查处一起，绝不姑息，从严从细管好地下水资源。

案例十一 » 某单位未依照批准的取水许可规定条件取水案

【案件基本情况】

2023 年 3 月 30 日，北京市大兴区水务局执法人员对位于北京市大兴区瀛海镇中兴南路的某单位取用水情况进行现场检查时，发现该单位未依照批准的取水许可规定条件取水。经调查核实，该单位周边市政设施不完善，目前没有接入市政管网，生活用水来源为自备井，办理了取水许可证，有效期至 2024 年。根据当事人提供的取水许可证及水资源纳税申报表等书面证据材料，当事人 2022 年全年的用水量超过取水许可证核定的年取水量，存在超量取水的行为，主要原因是疫情防控期间为配合防控工作要求进行了综合改造。该行为违反了《中华人民共和国水法》第四十八条第一款之规定，属于违法行为。当事人对违法事实认定无异议。

2023 年 4 月 11 日，执法人员向当事人送达了"责令改正通知书""行政处罚事先告知书"，告知当事人享有的陈述或申辩等权利，当事人在规定期限内未进行陈述、申辩，明确放弃。2023 年 4 月 16 日，经复查当事人已按要求整改，针对性制定了相应整改措施。综合案件事实、情节及危害后果等因素，依据《中华人民共和国水法》第六十九条第（二）项之规定，北京市大兴区水务局对当事人作出罚款 2 万元的行政处罚。2023 年 4 月 19 日，执法人员向当事人送达了"北京市大兴区水务局行政处罚决定书""行政处罚缴款书"。当事人于 2023 年 4 月 21 日到银行缴纳了罚款。此案执行完毕。

【法律依据】

《中华人民共和国水法》第四十八条第一款："直接从江河、湖泊或者地下取用水资源的单位和个人，应当按照国家取水许可制度和水资源有偿使用制度的规定，向水行政主管部门或者流域管理机构申请领取取水许可证，并缴纳水资源费，取得取水权。但是，家庭生活和零星散养、圈养畜禽饮用等少量取水的除外。"

《中华人民共和国水法》第六十九条："有下列行为之一的，由县级以上人民政府水行政主管部门或者流域管理机构依据职权，责令停止违法行为，限期采取补救措施，处二万元以上十万元以下的罚款；情节严重的，吊销其取水许可证：

（一）未经批准擅自取水的；

（二）未依照批准的取水许可规定条件取水的。"

【案件评析】

北京市属于资源型极度缺水城市，为认真贯彻落实最严格水资源管理制度，大兴区水务局持续加大对未经批准擅自取水、超量取水等违法行为的查处力度。本案即为一例典型的水资源类违法案件，当事人未依照批准的取水许可规定超量取水的行为违反了《中华人民共和国水法》第四十八条第一款之规定。本案中考虑到该单位认错态度良好，积极配合执法人员取证，在违法行为查处后第一时间开会讨论形成书面整改报告。针对市政水源问题，当事人已与相关单位沟通协商并承诺年底前完成改造，目前已完成前期勘察工作；针对超量取水问题，通过调节节水器具出水量，加强对节水设施的巡查、维修和养护，杜绝"跑、冒、滴、漏"等浪费水资源的现象。综合考虑上述因素，当事人积极改正违法行为，具有从轻情形，大兴区水务局对当事人作出罚款2万元的行政处罚，并按照处罚与教育相结合的原则,让当事人认识到本市水资源短缺现状,增强计划用水自觉意识,防患于未然。

📄 案例十二 » 北京朝阳某有限公司未依照批准的取水许可规定条件取水案

【案件基本情况】

2023 年 1 月 29 日,北京市水务局执法人员在检查中发现,北京某有限公司在北京市朝阳区某地未依照批准的取水许可规定条件取水。

立案后,执法人员进行了现场拍照取证,收集了相关证据材料,制作了"现场勘验笔录"和"询问笔录"。经查实,该公司在北京市朝阳区某地有取水机井 1 眼,其取水许可证载明年取水量为 1.9 万立方米,其提供的 2022 年 1 月至 9 月的《水资源税纳税申报表 A》显示,截至 2022 年 9 月 30 日,被检查人取水量为 22187 立方米,超过许可取水量 3187 立方米。当事人的行为违反了《中华人民共和国水法》第四十八条第一款之规定,属于违法行为。当事人对违法事实认定无异议。

2023 年 1 月 29 日,执法人员向当事人送达了"责令限期改正通知书"。2023 年 2 月 15 日,执法人员复查发现,当事人已按要求进行了改正,在用水处张贴了节水宣传标识,对用水管道的漏点进行了修缮,同时已与院内的各家用水单位签订了协议,准备对自备井及管线进行升级改造。截至 2022 年 12 月 31 日,累计超过许可取水量 8431 立方米,当事人已经缴纳了水资源税及超许可取水部分的水资源税。2023 年 2 月 15 日,执法人员向当事人送达了"行政处罚事先告知书",并听取了当事人的陈述、申辩,制作了"陈述、申辩笔录"。

综合案件事实、情节及危害后果等因素,依据《中华人民共和国水法》第六十九条第(二)项和《北京市水行政处罚裁量基准》,北京市水务局对当事人作出罚款 2 万元的行政处罚。2023 年 3 月 27 日，执法人员向当事人送达了"北京市水务局行政处罚决定书"和"北京市非税收入缴款通知书"。当事人于 2023 年 4 月 6 日缴纳了罚款。此案执行完毕。

【法律依据】

《中华人民共和国水法》第四十八条第一款："直接从江河、湖泊或者地下取用水资源的单位和个人，应当按照国家取水许可制度和水资源有偿使用制度的规定，向水行政主管部门或者流域管理机构申请领取取水许可证，并缴纳水资源费，取得取水权。但是，家庭生活和零星散养、圈养畜禽饮用等少量取水的除外。"

《中华人民共和国水法》第六十九条："有下列行为之一的，由县级以上人民政府水行政主管部门或者流域管理机构依据职权，责令停止违法行为，限期采取补救措施，处二万元以上十万元以下的罚款；情节严重的，吊销其取水许可证：

（一）未经批准擅自取水的；

（二）未依照批准的取水许可规定条件取水的。"

【案件评析】

行政许可，是指行政机关根据公民、法人或者其他组织的申请，经依法审查准予其从事特定活动的行为。行政许可具有以下特征：一是行政许可是依申请的具体行政行为；二是行政许可是一种授益性行政行为；三是行政许可存在的前提是法律的一般禁止；四是行政许可一般为要式行政行为；五是行政许可一般为外部行政行为。

水资源属于国家所有，除《取水许可和水资源费征收管理条例》规定不需要申请领取取水许可证的情形外，一切直接从江河、湖泊或者地下取用水资源的单位和个人，都应当申请领取取水许可证。地下水是水资源的重要组成部分，具有重要的资源属性和生态功能。在保障我国城乡生活生产供水、支持经济社会发展和维系良好生态环境中发挥着重要作用。未依照批准的取水许可规定条件取水带来地下水位持续下降、含水层枯竭、地面沉降、水质恶化等一系列问题，严重危及供水安全和生态安全，制约经济社会可持续发展。取水许可是国家加强水资源管理的一项重要措施，是协调和平衡水资源的供求关系，实现水资源持续利用的可靠保证。

取水许可，是《中华人民共和国水法》设定的行政许可。取水许可制度是在国家境内直接从江河、湖泊或地下水取水的单位和个人应遵守的一项制度。取水许可制度要严格遵守有关法律法规确定的取水顺序和规程、严格执行申请审批程序、严格遵循取水许可监督管理办法、严格实行总量控制、严格实施动态监督管理。

《中华人民共和国行政许可法》第八十条规定："被许可人有下列行为之一的，行政机关应当依法给予行政处罚；构成犯罪的，依法追究刑事责任：（一）涂改、倒卖、出租、出借行政许可证件，或者以其他形式非法转让行政许可的；（二）超越行政许可范围进行活动的；（三）向负责监督检查的行政机关隐瞒有关情况、提供虚假材料或者拒绝提供反映其活动情况的真实材料的；（四）法律、法规、规章规定的其他违法行为。"

由此可知，未依照批准的取水许可规定条件取水，属超越行政许可范围行为，将会承担以下法律后果。

（1）行政处罚

《中华人民共和国水法》第六十九条规定："有下列行为之一的，由县级以上人民政府水行政主管部门或者流域管理机构依据职权，责令停止违法行为，限期采取补救措施，处二万元以上十万元以下的罚款；情节严重的，吊销其取水许可证……"

（2）刑事责任

根据《最高人民法院、最高人民检察院关于办理盗窃刑事案件适用法律若干问题的解释》第四条第（三）项的规定："盗窃电力、燃气、自来水等财物，盗窃数量能够查实的，按照查实的数量计算盗窃数额；盗窃数量无法查实的，以盗窃前六个月月均正常用量减去盗窃后计量仪表显示的月均用量推算盗窃数额；盗窃前正常使用不足六个月的，按照正常使用期间的月均用量减去盗窃后计量仪表显示的月均用量推算盗窃数额。"水资源实际上与自来水是两个概念。自来水一般是指经过自来水厂处理过通过管道输送至用户的水，而水资源主要是指未经处理的自然状态下的水。水资源主要分为地表水与地下水。根据《取水许可和水资源费征收管理条例》第二条的规定："本条例所称取水，是指利用取水工程或者设施直接从江河、湖泊或者地下取用水资源。"在北京，2017年12月之前，取水单位或者个人应当缴纳水资源费。取水单位或者个人应当按照经批准的年度取水计划取水。超计划或者超定额取水的，对超计划或者超定额部分累进收取水资源费。北京市自2017年12月1日起，停止征收水资源费，将征收标准降为零。除规定的不征水资源税情形外，本市行政区域内其他直接取用地表水、地下水的单位和个人，为水资源税纳税人，应当按照《北京市水资源税改革试点实施办法》规定缴纳水资源税。纳税人向生产经营所在地主管税务机关申报缴纳水资源税。对于城镇公共供水单位，生产经营所在地是指其机构注册所在地；除城镇公共供水单位外的其他单位，生产经营所在地是指其取水口所在地。城镇公共供水单位之间发生转售水行为的，由最终供水单位缴纳水资源税。

本案中当事人有取水许可证，且安装有计量设施，这说明国家已经能够实际控制水资源，在费改税之后，如果有虚假纳税申报或者不申报可能涉嫌逃税罪，因为所报的税和水资源本身的价值不是等同的。

📰 **案例十三 »**　　北京密云某有限公司未依照批准的取水许可规定条件取水案

【案件基本情况】

2023 年 1 月 30 日，北京市密云区水务局接到上级交办案件：北京某有限公司 2021 年、2022 年存在未依照批准的取水许可规定条件取水的行为。此行为涉嫌违反了《中华人民共和国水法》第四十八条第一款的规定，密云区水务局于当日对该公司的上述行为进行立案调查。

立案后，执法人员于 2023 年 1 月 30 日下午对北京某有限公司的用水情况进行现场检查。发现该公司位于密溪路某院内的自备井办理了取水许可证，2021 年取水许可证规定取水量为 10 万立方米 / 年，2021 年实际用水量为 20.1571 万立方米；2022 年取水许可证规定取水量为 24 万立方米 / 年，2022 年实际用水量为 48.2167 万立方米，均超过取水许可证规定的取水量。执法人员对现场进行拍照取证，分别制作了 2021 年、2022 年 2 份"现场勘验笔录"，收集了相关证据材料，责令其立即停止违法行为。2 月 3 日分别制作了 2021 年、2022 年 2 份"询问笔录"，同日向当事人送达了 2 份"责令限期改正通知书"。经查实，当事人在 2021 年、2022 年均存在未依照批准的取水许可规定条件取水的行为。当事人的行为违反了《中华人民共和国水法》第四十八条第一款的规定，属于违法行为。当事人对违法事实认定无异议。

2023 年 2 月 10 日，经执法人员复查，北京某有限公司制订了改正方案。同日，执法人员向当事人送达了 2 份"行政处罚事先告知书"，告知其享有陈述和申辩的权利。当事人在规定期限内未提出陈述、申辩意见，明确放弃陈述、申辩权利。

2023 年 2 月 24 日，北京市密云区水务局对两起案件进行集体讨论，决定依据《中华人民共和国水法》第六十九条第（二）项的规定对北京某有限公司 2021 年、2022 年未依照批准的取水许可规定条件取水的违法行为分别作出罚款 7.5 万元的行政处罚。同日执法人员向当事人送达了"北京市密云区水务局行政处罚决定书"和"行政处罚缴款书"。

当事人收到行政处罚决定书后，在规定的缴纳期限内以经济困难为由，申请延期缴纳罚款。经过延期缴纳罚款审批程序后，密云区水务局与北京某有限公司签订延期执行协议书。2023 年 3 月 24 日，当事人到指定银行缴纳罚款。此案执行完毕。

【法律依据】

《中华人民共和国水法》第四十八条第一款："直接从江河、湖泊或者地下取用水资源的单位和个人，应当按照国家取水许可制度和水资源有偿使用制度的规定，向水行政主管部门或者流域管理机构申请领取取水许可证，并缴纳水资源费，取得取水权。但是，家庭生活和零星散养、圈养畜禽饮用等少量取水的除外。"

《中华人民共和国水法》第六十九条："有下列行为之一的，由县级以上人民政府水行政主管部门或者流域管理机构依据职权，责令停止违法行为，限期采取补救措施，处二万元以上十万元以下的罚款；情节严重的，吊销其取水许可证：

（一）未经批准擅自取水的；

（二）未依照批准的取水许可规定条件取水的。"

《中华人民共和国行政处罚法》第六十六条："行政处罚决定依法作出后，当事人应当在行政处罚决定书载明的期限内，予以履行。

当事人确有经济困难，需要延期或者分期缴纳罚款的，经当事人申请和行政机关批准，可以暂缓或者分期缴纳。"

【案件评析】

取水许可制度和水资源有偿使用制度，是水资源管理中两项非常重要的制度。我国是人均水资源非常紧缺的国家，而且时间和空间分布非常不均匀。实施取水许可制度有利于水资源统一管理，有利于国家对水资源的有效控制、合理配置，有利于促进水资源的合理开发和高效利用，有利于遏制用水浪费，保护取水权人的用水权益，促进水资源的节约、保护和可持续利用。打击超许可取水行为对保护水资源具有重要意义。一方面有利于控制取水量的增加，强化用水过程管理，保证用水资源正常供应；另一方面是通过宣传取水许可的基本内容及核心思想，增强全民节水意识，降低现有水资源的浪费。

两起案件的查处，做到了事实清楚、证据确凿、法律适用准确、量罚适当，当事人在限期内未提出陈述、申辩意见，明确放弃陈述、申辩的权利；在期限内缴纳了罚款；未在规定期限内申请行政复议或者提起行政诉讼。结合执法实践，案件的处理可以从以下三个角度进行把握、分析。

一是严格执行行政执法"三项制度"，推进水行政执法透明、规范、合法、公正。执法人员自接到上级移交的案件线索起，对执法过程中的立案、现场执法检查、调查取证、案件审核、集体讨论、执法决定、延期缴纳、送达等执法各个环节进行文字记录。法制审核人员对查明的案件事实、收集的证据、执法人员的办案程序严格进行法制审核。北京市密云区水务局在作出行政处罚决定前对案件进行了集体讨论。执法人员在行政处罚决定作出之日起 7 个工作日内将相关处罚决定在政府网站上进行公示。整个执法过程中执法人员严格执行行政执法"三项制度"，为全面实现执法信息公开透明、执法全过程留痕打下坚实的基础。

二是依托执法联动机制，及时、准确地研判案件线索，确保行政执法决定合法有效。密云区水务局近年来不断强化与公检法等部门的执法联动机制，不定期组织召开联席会议，向相关部门通报水事违法案件线索，对于疑难复杂案件邀请司法机关提前介入，确保相关案件得到及时、准确的查处。执法人员接到该两起案件线索之后，对于如何认定当事人 2021 年、2022 年未依照批准的取水许可规定条件取水违法行为的发生时间、终了时间，以及违法行为是否属于《中华人民共和国行政处罚法》第三十六条第二款规定的违法行为连续或者继续状态，是否符合连续或者继续性违法行为的构成要件等问题无法作出准确研判。密云区水务局及时组织公检法司等部门的领导以及律师召开专题工作会议，对相关案件线索进行了研判。经研判，一致认为当事人的违法行为不符合连续性违法行为的构成要件，当事人 2021 年、2022 年虽然存在同样的违法行为，但均属于独立的违法行为，不属于违法行为的连续或持续状态，且未超过二年期限，应分别作出行政处罚。密云区水务局根据研判结果对北京某有限公司 2021 年、2022 年未依照批准的取水许可规定条件取水的违法行为分别作出罚款 7.5 万元的行政处罚决定。

三是充分保障当事人合法权利，让行政执法既有力度，也有"温度"。本案中，密云区水务局依法告知当事人享有陈述、申辩的权利，履行了行政处罚事项告知程序，明确告知了当事人行政复议、行政诉讼等救济途径，充分保障了当事人的合法权利。根据《中华人民共和国行政处罚法》第六十六条第二款"当事人确有经济困难，需要延期或者分期缴纳罚款的，经当事人申请和行政机关批准，可以暂缓或者分期缴纳"的规定，密云区水务局在当事人提出延期缴纳罚款申请后，依法启动了延期缴纳罚款程序并准许延期缴纳，与当事人签订执行协议。当事人在延长期限内缴纳了罚款。既充分地保障了当事人合法权益，也体现了水务执法的"温度"。

📰 **案例十四 »** 北京某马术俱乐部有限公司未依照批准的取水许可规定条件取水案

【案件基本情况】

2023 年 2 月 21 日，北京市顺义区水务局执法人员现场检查北京市顺义区天竺地区，北京某马术俱乐部有限公司（以下简称某马术俱乐部）取用水情况。经查实，该马术俱乐部的水源取自公司院内东侧一眼自备井，自备井产权为某马术俱乐部，安装有计量设施，正常缴纳税费，有水行政主管部门核发的取水许可证。核定年度取水量为 1 万立方米／年，2022 年度实际取水量为 1.1242 万立方米，已超出核定年度取水量 0.1242 万立方米。某马术俱乐部 2022 年度利用自备井取水未依照批准的取水许可规定条件取水。

立案后，执法人员收集了相关证据材料，制作了"现场勘验笔录"，并下发了"北京市顺义区水务局责令停止违法行为通知书"和"北京市顺义区水务局责令改正通知书"，责令该单位停止违法行为，依照批准的取水许可规定条件取水，并接受进一步调查。

2023 年 2 月 27 日，某马术俱乐部受托人到北京市顺义区水务综合执法队接受进一步询问调查，执法人员制作了"询问笔录"。当事人对违法事实认定无异议。

2023 年 3 月 16 日，执法人员向某马术俱乐部送达了"北京市顺义区水务局行政处罚事先告知书"，并告知其具有进一步陈述、申辩的权利，某马术俱乐部在法定期限 5 日内没有提出陈述、申辩的意见。此案调查终结。

2023 年 3 月 24 日，执法人员向某马术俱乐部下达了"北京市顺义区水务局行政处罚决定书"，给予某马术俱乐部 2 万元罚款的行政处罚。某马术俱乐部在规定期限内到银行缴纳了罚款。此案执行完毕。

【法律依据】

《中华人民共和国水法》第四十八条第一款："直接从江河、湖泊或者地下取用水资源的单位和个人，应当按照国家取水许可制度和水资源有偿使用制度的规定，向水行政主管部门或者流域管理机构申请领取取水许可证，并缴纳水资源费，取得取水权。但是，家庭生活和零星散养、圈养畜禽饮用等少量取水的除外。"

《中华人民共和国水法》第六十九条："有下列行为之一的，由县级以上人民政府水行政主管部门或者流域管理机构依据职权，责令停止违法行为，限期采取补救措施，处二万元以上十万元以下的罚款；情节严重的，吊销其取水许可证：

（一）未经批准擅自取水；

（二）未依照批准的取水许可规定条件取水的。"

【案例评析】

本案作为未依照批准的取水许可规定条件取水行为的典型案例，在以下三个方面具有较强的指导和借鉴意义。

一是工作中秉承最严格的水资源管理制度的理念。水是生命之源、生产之要、生态之基。我国是水资源非常紧缺的国家，2011年"中央1号文件"规定，实行最严格水资源管理制度。实施水资源统一管理，有利于国家对水资源的有效控制、合理配置，有利于遏制用水浪费，促进水资源的节约、保护和可持续利用。

水资源紧缺已经成为制约首都发展的主要瓶颈。北京市顺义区水务局在取用水管理工作中始终落实最严格的水资源管理制度。

二是将取用水管理工作落到实处。检查时，执法人员首先检查用水户取水许可证的取得情况，其次检查是否依照批准的取水许可规定条件取水。

未依照批准的取水许可规定条件取水，包括拒不执行审批机关作出的取水量限制决定，未经批准擅自转让取水权，取水许可事项变更未履行批准手续，取水水源、取水地点和取水用途等发生改变等。有的用水户法律意识不强，认为超量取水只需要执行超定额累进加价缴费就可以了，不应当再有罚款的行政处罚，不知道超出核定取水量取水的行为是违法行为。执法人员在日常执法中本着"谁执法谁普法"的原则，积极向当事人宣传水法律法规。告知当事人超定额累进加价缴费也是每个用水户应尽的义务，不能把义务与行政处罚混为一谈，两者的性质不同。我国是水资源紧缺的国家，即使有钱也不能任性取水，依法取水是每个用水户的权利，同时未依照批准的取水许可规定条件取水也应当承担相应的法律责任，既有权就有责。

三是坚持处罚与教育相结合的原则。扰乱水事管理秩序、破坏国家资源使用许可制度的行为，必须受到法律惩处。行政处罚不是目的，处罚只是行政管理的一种手段。行政处罚的最终目的是要当事人改正违法行为，遵守社会秩序。结合本案当事人违法行为的事实、情节、性质等，同时考虑当事人能够主动消除违法行为，具有从轻的情节，最终给予当事人从轻处罚。执法人员在执法的同时宣传了水法律法规，切实将法规的宣传下沉到个人，让当事人认识到我市水资源紧缺状况，增强其计划用水和节约用水的意识。

📰 案例十五 » 某公司在埋设公共供水设施的地面上及两侧安全间距内挖坑案

【案件基本情况】

2023年1月9日，北京市大兴区水务局执法人员接到庞各庄镇水务站人员报告，反映在其辖区内有一处供水管线被破坏。执法人员立刻赶赴现场调查。经调查核实，当事人正在施工的电力隧道项目，于前一天下午开始挖坑施工，因工人操作失误，将供水管线破坏。当事人在埋设公共供水设施的地面上及两侧安全间距内挖坑，该行为违反了《北京市城市公共供水管理办法》①第十七条第一款第（六）项之规定，属于违法行为。当事人对违法事实认定无异议。

执法人员责令当事人立即停止施工，尽快修复被破坏的供水管线，将现场恢复原状，并于2023年1月11日向当事人送达了"责令限期改正通知书"和"行政处罚事先告知书"，告知当事人享有的权利，当事人在规定期限内未进行陈述、申辩。2023年1月13日，执法人员复查发现，当事人已按要求整改，将埋设公共供水设施处的坑填平并恢复原状。鉴于当事人违法情节危及公共安全，造成严重后果，具有从重情形，依据《北京市城市公共供水管理办法》第十九条第一款第（五）项之规定，北京市大兴区水务局于2023年1月19日对当事人作出罚款3000元的行政处罚。2023年1月19日，执法人员向当事人送达了"北京市水务局行政处罚决定书"和"行政处罚缴款书"。当事人于2023年1月19日到银行缴纳了罚款。此案执行完毕。

【法律依据】

《北京市城市公共供水管理办法》第十七条："禁止下列行为：

（一）擅自接装、改装公共供水设施；

（二）擅自在水表井内安装水管或者穿插其他管道；

---

① 《北京市城市公共供水管理办法》于1992年12月8日北京市人民政府第22号令发布，根据1997年12月31日北京市人民政府第12号令第一次修改，根据2002年2月11日北京市人民政府第92号令第二次修改，根据2010年11月27日北京市人民政府第226号令第三次修改，根据2021年12月30日北京市人民政府第302号令第四次修改。

（三）擅自启动、拆卸、挪动公共供水设施；

（四）在城市公共供水管网上直抽加压；

（五）将自备水源管道、加压设备等与公共供水设施接通；

（六）在埋设公共供水设施的地面上及两侧安全间距内，挖坑、取土、植树、埋杆、倾倒废渣废液；

（七）在埋设公共供水设施的地面上及两侧安全间距内，修建与供水无关的建筑物、构筑物，或者堆物、堆料；

（八）其他危及公共供水设施安全的行为。"

《北京市城市公共供水管理办法》第十九条："对违反本办法的其他行为，由城市公共供水工作的主管机关按照下列规定给予处罚：

（一）利用公共供水设施转售用水的，责令改正，处 3000 元以下罚款，情节严重的，可以依法停止供水；

（二）擅自接装、改装公共供水设施或者在水表井安装水管管线、穿插其他管道的，责令拆除，处责任单位 3000 元以下罚款；

（三）将自备水源管道与公共供水设施接通或者在公共供水管网上直抽加压的，责令拆除，处责任单位 3000 元以下罚款；

（四）擅自拆卸、挪动公共供水设施的，或者擅自动用消火栓，除发生火灾紧急需要外的，责令恢复原状，处责任单位 1000 元以下罚款；

（五）在埋设公共供水设施的地面上及两侧安全间距内，挖坑、取土、植树、埋杆、倾倒废渣废液的，责令改正，恢复原状，处责任单位 3000 元以下罚款；

（六）在埋设公共供水设施的地面上及两侧安全间距内修建与公共供水无关的建筑物、构筑物，或者堆物、堆料的，责令限期拆除或者清除，处责任单位 5000 元以下罚款；

（七）施工造成公共供水设施损坏或者供水事故的，由责任单位依法赔偿损失。"

【案件评析】

本案中，当事人在埋设公共供水设施的地面上及两侧安全间距内挖坑，并且造成供水管道损坏漏水，危及了公共安全，对周边居民的生产生活产生了影响，因此受到从重的行政处罚。本案在执法过程中，执法人员做到了及时、高效处理案件，责令现场立即停工，监督涉事单位在最短时间内修复受损管网，恢复原状，尽可能将损害程度降到最小。执法人员在对施工单位调查约谈的过程中对其进行了警示教育：依据《北京市城市公共供水管理办法》第十六条规定，各类建设工程开工前，建设单位或者施工单位应当到供水企业查明地下公共供水管线情况。施工影响公共供水设施安全的，建设单位或者施工单位应当与供水企业商定相应的保护措施，并由施工单位保证按照措施实施。同时，施工作业涉及管线的位置应尽量采用人工作业，谨慎损伤，避免出现此类破坏供水设施的情况。保障供水安全是确保公民生产生活平稳有序运行的基础，也是每一位公民共同的责任。

案例十六 » 北京某有限公司擅自改变农业用井用途案

【案件基本情况】

2022年3月9日，北京市房山区水务局执法人员在检查中发现，北京某有限公司在北京市房山区韩村河镇某处擅自改变农业用井用途，其行为违反了《北京市节约用水办法》第二十九条之规定，属于违法行为。

立案后，执法人员进行了现场拍照取证，收集了相关证据材料，制作了"现场勘验笔录"和"询问笔录"，并于当日对北京某有限公司下发了"北京市房山区水务局责令停止违法行为通知书"和"北京市房山区水务局责令限期改正通知书"，责令其限期办理变更手续。北京某有限公司已在规定期限内按照通知书中的内容进行改正，办理了变更手续。

执法人员于 2022 年 3 月 23 日对北京某有限公司送达了"行政处罚事先告知书",告知其享有的权利。在规定期限内,当事人未提出进一步陈述、申辩意见。

综合案件事实、情节及危害后果等因素,依据《北京市节约用水办法》第五十八条的规定,房山区水务局对当事人作出罚款 6 万元的行政处罚。2022 年 4 月 14 日,执法人员向当事人送达了"北京市房山区水务局行政处罚决定书"和"北京市非税收入缴款通知书"。

当事人收到行政处罚决定书后,在规定的缴纳期限内以受新冠疫情影响,公司收入锐减,无能力一次性缴纳罚款为由,申请分期缴纳罚款。经过分期缴纳罚款审批程序后,房山区水务局依法准予当事人分六期缴纳罚款。当事人此后按期到银行缴纳了罚款。此案执行完毕。

【法律依据】

《北京市节约用水办法》第二十九条:"农业用井改为非农业用途的,用水单位应当到节水管理部门办理变更手续,重新核定用水指标,并按照新的用水性质类别计价缴费。"

《北京市节约用水办法》第五十八条:"违反本办法第二十九条规定,擅自改变农业用井用途的,由节水管理部门责令限期改正,处 2 万元以上 10 万元以下罚款。"

《中华人民共和国行政处罚法》第六十六条:"行政处罚决定依法作出后,当事人应当在行政处罚决定书载明的期限内,予以履行。

当事人确有经济困难,需要延期或者分期缴纳罚款的,经当事人申请和行政机关批准,可以暂缓或者分期缴纳。"

【案件评析】

本案发生时间为 2022 年，当时适用《北京市节约用水办法》等 42 项政府规章的决定，自 2023 年 6 月 18 日起废止，2023 年 3 月 1 日起适用《北京市节水条例》。

本案中，当事人在没有充分了解用井、用水相关规定的情况下，将农业用井作为生产生活用井，没有严格遵守国家法律规定，法律意识淡薄。根据《北京市节约用水办法》规定，农业用井改为非农业用途的，用水单位应当到节水管理部门办理变更手续，重新核定用水指标，并按照新的用水性质类别计价缴费，从而更好地督促取用水单位加强水资源管理，做到节约用水。

北京市房山区水务局始终坚持处罚与教育相结合的原则，充分地保障了当事人的相关权利。在本案中，当事人因受新冠疫情影响无法正常开展生产经营，经过分期缴纳罚款审批程序后，水务局依法准予当事人分六期缴纳罚款，既维护了行政机关的执法权威，也缓解了企业暂时经营困难，有效保障了疫情影响下民营企业的发展。

📰 **案例十七 »　北京某建筑工程有限公司未安装计量设施案**

【案件基本情况】

2022 年 2 月 18 日，北京市房山区水务局执法人员在检查中发现，北京某建筑工程有限公司在北京市房山区长阳镇新城良乡组团 10 街某地块项目教育科研用地取水未安装计量设施，共计 88 眼降水井，每眼降水井的取水泵为一寸，每日取水量约 6000 吨，其行为违反了《地下水管理条例》[①]第二十二条第一款之规定，属于违法行为。

---

① 《地下水管理条例》于 2021 年 9 月 15 日国务院第 149 次常务会议通过，2021 年 10 月 21 日公布，自 2021 年 12 月 1 日起施行。

立案后，执法人员进行了现场拍照取证，收集了相关证据材料，制作了"现场勘验笔录"和"询问笔录"，并于当日对北京某建筑工程有限公司下发了"责令停止违法行为通知书"和"责令限期改正通知书"，责令限期安装计量设施。北京某建筑工程有限公司已按照通知书内容进行改正，按要求安装了远传计量设施。

2022年3月1日，执法人员向当事人送达了"行政处罚事先告知书"和"听证告知书"，告知其享有的权利。在规定期限内，当事人未提出进一步陈述、申辩意见，也未要求听证。

经房山区水务局法制机构复核和机关负责人集体讨论，综合案件事实、情节及危害后果等因素，依据《地下水管理条例》第五十六条第一款之规定，对当事人作出罚款50万元的行政处罚。2022年3月11日，执法人员向当事人送达了"北京市水务局行政处罚决定书"和"北京市非税收入缴款通知书"。

当事人已在规定的期限内缴纳罚款，同时由业务科室核定取水量，当事人按要求补缴了水资源税。此案执行完毕。

【法律依据】

《地下水管理条例》第二十二条："新建、改建、扩建地下水取水工程，应当同时安装计量设施。已有地下水取水工程未安装计量设施的，应当按照县级以上地方人民政府水行政主管部门规定的期限安装。

单位和个人取用地下水量达到取水规模以上的，应当安装地下水取水在线计量设施，并将计量数据实时传输到有管理权限的水行政主管部门。取水规模由省、自治区、直辖市人民政府水行政主管部门制定、公布，并报国务院水行政主管部门备案。"

《地下水管理条例》第五十六条："地下水取水工程未安装计量设施的，

由县级以上地方人民政府水行政主管部门责令限期安装，并按照日最大取水能力计算的取水量计征相关费用，处 10 万元以上 50 万元以下罚款；情节严重的，吊销取水许可证。

计量设施不合格或者运行不正常的，由县级以上地方人民政府水行政主管部门责令限期更换或者修复；逾期不更换或者不修复的，按照日最大取水能力计算的取水量计征相关费用，处 10 万元以上 50 万元以下罚款；情节严重的，吊销取水许可证。"

【案件评析】

本案中，当事人施工降水井取水量大，情节较为严重。根据 2021 年 12 月 1 日起施行的《地下水管理条例》规定，地下水取水工程未安装计量设施的，由县级以上地方人民政府水行政主管部门责令限期安装，并按照日最大取水能力计算的取水量计征相关费用，处 10 万元以上 50 万元以下罚款；情节严重的，吊销取水许可证，对其进行高限处罚。该案为我局适用《地下水管理条例》处罚的第一案，制作成典型案件向社会公开发布，充分发挥案例的规范指导、警示震慑作用，以案促改，以案释法。

案例十八 » 山东某建设工程公司新建地下水取水工程未同时安装计量设施案

【案件基本情况】

2023 年 3 月，北京市怀柔区水务综合执法队执法人员在检查中发现，山东某建设工程公司为怀柔科学城某项目升级改造工程的土木建专业分包公司。该公司在基坑开槽现场从事施工降水作业，沿基坑四周共建设 48 眼降水井，检查时，降水井处于启用状态，正在抽排地下水，48 眼降水井全部没有安装计量设施。

立案后，执法人员经过现场调查，收集证据，制作"现场勘验笔录"和"询问笔录"，制发"责令限期改正通知书"。该公司依据责改要求在规定期限内改正了违法行为。经查实，山东某建设工程公司在施工降水过程中新建地下水取水工程未安装计量设施就开始抽排地下水的违法行为属实。该行为违反了《地下水管理条例》第二十二条第一款的规定，属于违法行为。当事人对违法事实认定无异议。

依据《地下水管理条例》第五十六条第一款的规定，应对该公司处 10 万元以上 50 万元以下罚款的行政处罚。由于该公司新建设的 48 眼降水井在全部未安装计量设施的情况下，就开始抽排地下水，进行施工降水作业，执法人员对该公司单日抽排地下水水量进行了计量，单日最大抽排地下水方量达到 1000 立方米，违法情节较重。

综合以上情形，北京市怀柔区水务局经过集体讨论后决定对该公司作出罚款 38 万元的行政处罚。该公司接到行政处罚决定后，缴纳了罚款。此案执行完毕。

【法律依据】

《地下水管理条例》第二十二条第一款："新建、改建、扩建地下水取水工程，应当同时安装计量设施。已有地下水取水工程未安装计量设施的，应当按照县级以上地方人民政府水行政主管部门规定的期限安装。"

《地下水管理条例》第五十六条第一款："地下水取水工程未安装计量设施的，由县级以上地方人民政府水行政主管部门责令限期安装，并按照日最大取水能力计算的取水量计征相关费用，处 10 万元以上 50 万元以下罚款；情节严重的，吊销取水许可证。"

【案件评析】

本案是一起典型的在施工降水施工过程中未安装计量设施就抽排地下水的案件，事实清楚、证据确凿、法律适用正确、量罚适当，在依法作出行政处罚决定后，当事人在规定期限内缴纳了罚款，未申请行政复议或者提起行政诉讼。

本案中，山东某建设工程公司在施工现场进行基坑开凿，在基坑四周共建设了48眼施工降水井，在检查时，每眼降水井都处于抽排水状态，且排水管线上都未安装计量设施，总排水口也未安装流量计，这一行为违反了《地下水管理条例》第二十二条第一款的规定。执法人员在发现违法行为后，现场约见了涉事施工现场建设方、施工方负责人，督促涉事公司现场制订整改方案。涉事公司对违法行为无异议，并深刻认识到违法行为的严重性，以最快速度在总排水口处安装了流量计。

近年来，随着怀柔区建设步伐的加快，多处地块处于开工建设状态，个别施工单位存在侥幸心理，或贪图省事、节约建设成本等，以各种手段逃避水资源税的征缴。究其背后的原因，一是当事人对法律缺少敬畏心，对其行为所涉及的法律规定没有清晰的认知；二是管理部门宣传工作有待提高，对建设工地的用水节水宣传还有待加强。对于当事人来讲，关注更多的是罚款多少，并没有意识到自己的行为对地下水资源造成的严重危害后果。因此，执法人员在案件办理的过程中，应时刻警示当事人，处罚并不是目的，逃避不能解决任何问题，在后续的施工管理过程中，要严格遵守各项法律法规，只要触犯法律，就要承担相应的后果，充分展现出执法部门执法必严、违法必究的决心。

罚款不能代替水资源税。北京市自2017年12月1日起实施水资源税改革试点，采取税费平移的方式，要求直接从江河、湖泊和地下取用水资源的单位和个人，依法缴纳水资源税。在本案办理过程中，执法人员对施工现场施工降水情况进行了单日计量，并将单日抽排水量报送了节水管理部门，要求按单日最大抽排水量追缴水资源税，不以罚款代替水资源税的征收。

📰 案例十九 » 北京市某建筑公司施工降水未安装计量设施案

【案件基本情况】

2023 年 4 月 4 日，北京市平谷区水务综合执法队日常检查发现，北京某建筑公司在轨道交通某号线中某标段施工现场降水未安装计量设施。

立案后，执法人员进行了现场拍照取证，收集了相关证据材料，制作了"现场勘验笔录"和"询问笔录"。经查实，当事人在轨道交通某号线中某标段施工现场降水未安装计量设施，当事人的行为违反了《地下水管理条例》第二十二条第一款的规定，属于违法行为。当事人对违法事实认定无异议。

2023 年 4 月 4 日，执法人员向当事人送达了"责令限期改正通知书"。2023 年 4 月 7 日，执法人员复查发现，当事人施工现场降水已安装计量设施，并正常使用，补缴相关费用的手续正在办理中。同日，执法人员向当事人送达了"行政处罚事先告知书"，当事人在法定期限内自愿放弃陈述、申辩、要求听证的权利。

综合案件事实、情节及危害结果等因素，依据《地下水管理条例》第五十六条第一款和《北京市水行政处罚裁量基准》第十四条第二款的规定，鉴于该单位的取水量较小，且积极改正违法行为，适用从轻处罚，平谷区水务局对当事人作出罚款 10 万元的行政处罚。2023 年 4 月 17 日，执法人员向当事人送达了"北京市水务局行政处罚决定书"和"北京市非税收入缴款通知书"。当事人于 2023 年 4 月 25 日，到指定银行缴纳了罚款。此案执行完毕。

【法律依据】

《地下水管理条例》第二十二条第一款："新建、改建、扩建地下水取水工程，应当同时安装计量设施。已有地下水取水工程未安装计量设施的，应当按照县级以上地方人民政府水行政主管部门规定的期限安装。"

《中华人民共和国行政处罚法》第二十八条第一款："行政机关实施行政处罚时，应当责令当事人改正或者限期改正违法行为。"

【案件评析】

当事人施工降水井未安装计量设施，根据2021年12月1日起施行的《地下水管理条例》规定，地下水取水工程未安装计量设施的，由县级以上地方人民政府水行政主管部门责令限期安装，并按照日最大取水能力计算的取水量计征相关费用，处10万元以上50万元以下罚款；情节严重的，吊销取水许可证，对其进行高限处罚。

执法人员在案件办理过程中，既积极调查取证，同时又落实"谁执法谁普法"的工作要求，主动向当事人宣传、讲解《取水许可和水资源费征收管理条例》和《中华人民共和国水法》等有关规定，提高当事人对水法规的知晓率。

此案证据确实、充分，适用法律法规准确，程序合法，处理适当。

📰 **案例二十 »** 北京某汽车销售服务有限公司未按照规定向水务部门报送已建成循环用水设施的登记表案

【案件基本情况】

2023年4月11日，北京市水务局执法人员在检查中发现，北京某汽车销售服务有限公司在北京市朝阳区某4S店提供洗车服务，未按照规定向水务部门报送已建成循环用水设施的登记表。

立案后，执法人员进行了现场拍照取证，收集了相关证据材料，制作了"现场勘验笔录"和"询问笔录"。经查实，该公司采用市政水源向购车、保养用户提供洗车服务，建有循环用水设施并正常使用，但由于管理漏洞，未按照规定向水务部门报送已建成循环用水设施的登记表。当事人的行为违反了《北京市节水条例》第三十八条之规定，属违法行为。当事人对违法事实认定无异议。

2023 年 4 月 13 日，执法人员向当事人送达了"责令限期改正通知书"。2023 年 4 月 27 日，执法人员复查发现，当事人已按要求进行了改正，于 2023 年 4 月 23 日向水务部门提供了已建成循环用水设施的登记表，但由于提供材料有误，水务部门未受理。2023 年 4 月 27 日，执法人员向当事人送达了"行政处罚事先告知书"，并听取了当事人的陈述、申辩，制作了"陈述、申辩笔录"。

综合案件事实、情节及危害后果等因素，依据《北京市节水条例》第六十七条，北京市水务局对当事人作出警告并罚款 350 元的行政处罚决定。2023 年 6 月 5 日，执法人员向当事人送达了"北京市水务局行政处罚决定书"和"北京市非税收入缴款通知书"。当事人于 2023 年 6 月 5 日缴纳了罚款。此案执行完毕。

【法律依据】

《北京市节水条例》第三十八条："提供洗车服务的用水户应当建设、使用循环用水设施，并向水务部门报送已建成循环用水设施的登记表；位于再生水输配管网覆盖范围内的，应当使用再生水，并按照要求向水务部门提供再生水供水合同。"

《北京市节水条例》第六十七条："违反本条例第三十八条规定，提供洗车服务的用水户未建设、使用循环用水设施或者未按照规定使用再生水的，由水务部门责令限期改正，给予警告；逾期不改正的，处一万元以上五万元以下罚款；未按照规定向水务部门报送已建成循环用水设施的登记表或者提供再生水供水合同的，由水务部门责令限期改正，给予警告；逾期不改正的，处一千元以下罚款。"

【案件评析】

本案需要明确的一点是：要求提供洗车服务的用水户向水务部门报送已建成循环用水设施的登记表是何种行为。

（1）行政登记

行政登记是指行政机关为实现一定的行政管理目的，根据法律、法规、规章的有关规定，依相对人申请，对符合法定条件的涉及相对人人身权、财产权等方面的法律事实予以书面记载的行为。

行政登记具有以下四个特征：一是行政登记是行政机关依法实施行政管理职能的行为；二是行政登记是依申请的单方行政行为；三是行政登记是羁束行政行为，是否给予登记，行政机关无自由裁量权，对符合法定条件的登记申请，行政机关必须依法受理并予以登记；四是行政登记的内容为相应的法律事实，主要是行政管理相对人有关人身权、财产权和其他权利方面的法律事实。

行政登记并不是一种独立的行政行为类型，而是一种行为形式。登记可以成为行政许可的形式，也可以成为行政确认的形式，还可以成为其他行为的一种形式。根据登记行为性质的不同，分为许可性登记、确认性登记、备案性登记。其中，具备行政许可性质的登记为许可性登记，涉及民事权属与民事关系确认的登记为确认性登记，不对当事人权利义务产生影响的登记为备案性登记。

（2）备案登记

备案性登记是指行政机关为了收集信息和事后监督而对当事人的有关信息进行记载的行为。比如，在监督检查中，将当事人经营状况登记在册，形成监督检查记录，这种登记属于事实行为，是政府信息公开制度中第一个配套性环节。在实践中，初始登记往往是许可，之后的登记一般会被归类为行政确认。备案登记是备案审查制度的基础性环节。根据相关规定，在备案登记阶段应对报备文件的报备时限、报备格式、制定主体、制定程序等进行审查，对符合登记要求的予以登记；对不符合登记要求的，视不同情况予以不同处理。

案例二十一 » 北京市某物业管理有限公司擅自拆改供水管线案

【案件基本情况】

2022年9月23日，北京市水务综合执法总队接某公司通州分公司举报，执法人员立案并调查取证后发现，某物业公司在北京市通州区某小区楼内存在擅自拆改3处供水管线让居民取水的行为。

立案后，执法人员进行了现场拍照取证，收集了相关证据材料，制作了"现场勘验笔录"和"询问笔录"。经查实，当事人擅自对3处供水管线进行拆改，该行为违反了《北京市物业管理条例》①第七十八条第二款第（六）项之规定，属于违法行为。当事人对违法事实认定无异议。

2022年9月23日，执法人员向当事人送达了"责令限期改正通知书"，2022年10月20日执法人员向当事人送达了"行政处罚事先告知书"，并听取了当事人的陈述、申辩，制作了"陈述、申辩笔录"。

---

① 《北京市物业管理条例》于2020年3月27日北京市第十五届人民代表大会常务委员会第二十次会议通过，2020年3月27日公布，自2020年5月1日起施行。

综合案件事实、情节及危害后果等因素，依据《北京市物业管理条例》第九十八条第一款第（六）项之规定，北京市水务局对当事人作出罚款1万元的行政处罚。2022年12月28日，执法人员向当事人送达了"北京市水务局行政处罚决定书"和"行政处罚缴款书"。

当事人收到行政处罚决定书后，于2023年1月5日向指定银行缴纳罚款1万元，本案罚款执行完毕。

【法律依据】

《北京市物业管理条例》第七十八条："业主、物业使用人应当遵守法律法规和规章的规定以及临时管理规约、管理规约的约定，按照规划用途合理、安全使用物业。

业主、物业使用人、物业服务人等不得实施下列行为：

……

（六）擅自拆改供水、排水、再生水等管线；

……

发生本条第二款规定行为的，利害关系人有权投诉、举报，业主委员会或者物业管理委员会、物业服务人应当及时劝阻；劝阻无效的，应当向街道办事处、乡镇人民政府或者行政执法机关报告。"

《北京市物业管理条例》第九十八条："物业管理区域内有下列行为之一的，由有关主管部门按照下列规定予以查处：

……

（六）违反本条例第七十八条第二款第（六）项规定的，由水主管部门责令限期改正，处一万元以上三万元以下的罚款；

……"

【案件评析】

供水管线是城市基础设施中至关重要的一部分，涉及居民的基本需求、公共安全、经济发展和环境保护等多个方面。供水管线遭到破坏，会对城市的方方面面造成严重的危害，影响居民的生活品质，增加城市基础设施的维护成本。因此，保护和维护供水管线的完整性是城市管理与居民共同的责任。

本案是一起典型的物业公司擅自拆改供水管线的案件。案件的查处，做到了事实清楚、证据确凿、法律适用准确、量罚适当，结合执法实践，本案可以从以下三个角度进行把握、分析。

一是做好沟通协调工作。此案是一起移送案件，执法人员接到举报后虽然在第一时间赶赴现场，进行了现场调查取证工作，但前期的证据材料都是相关部门收集的，执法人员对之前的证据都是间接介入的。因此，为全面、准确地掌握案件情况，公正、客观地处理此案，执法人员与（部门）相关人员做了大量的沟通工作及细致的询问工作，为准确处理案件奠定了基础。在案件办理过程中也随时保持沟通，保持案件调查取证过程中的透明度，确保信息共享和决策的反馈，确保涉及部门对案件有全面的了解。

二是提高执法队伍素质是高效处理水事案件的有力保障。在执法过程中，如果执法队伍业务不精通、作风不够硬，就不可能合法合规地处理水事案件。甚至可能出现简单粗暴、执法犯法等现象，难以保障水事案件依法、高效查处。本案中，水务执法人员从案件立案、现场勘验、询问记录、文书送达到最后的处罚决定，做到了主动亮证执法、规范执法用语、准确阐释法条、告知当事人合法权利等程序，有理有据、有礼有节，执法程序合法、取证举证合法、处理公平适当。

三是加强水法律法规的宣贯工作。执法经验使我们充分地认识到多数违法当事人的法律意识比较淡薄，此案的当事人就是典型之一。物业公司作为现代社会管理服务的主体之一，其重要职责之一就是为业主提供安全稳定的供水服务，然而未经报批和论证擅自拆改供水管线，给公共供水管线造成损坏是严重的违法行为。通过此案，执法人员意识到在执法过程中要不断地加强水法律法规的宣传力度，拓宽宣传方式和范围，使社会各界更广泛、更全面地了解水法律法规，增强水法意识，更加规范取、供、用、排水行为，只有这样才能为水行政执法奠定良好的群众基础，营造更加和谐的执法环境。

第二章

排水类水行政执法
—————— 典型案例

执法人员在日常行政执法过程中发现，各区存在大量餐饮服务排水户未设置或者不正常使用隔油设施和当事人未取得排水许可证向城镇排水设施排放污水、未按照有关规定将污水排入城镇排水设施等违法行为。本章选取相关典型案例，从对当事人违法行为认定、行政处罚裁量的合法性、合理性角度进行评析，从而加强普法宣传，使当事人认识到自己违法行为的危害性，使其懂法、守法。适用的法律法规主要包括《北京市排水和再生水管理办法》《城镇排水与污水处理条例》。

案例一 » 北京某餐饮管理有限公司提供餐饮服务未正常使用隔油设施案

【案件基本情况】

2022 年 9 月 22 日，北京市海淀区水务局执法人员在检查紫竹院街道某处商业餐饮街排水情况时发现，北京某餐饮管理有限公司提供餐饮服务期间未正常使用隔油设施，该行为涉嫌违反了《北京市排水和再生水管理办法》①第十六条第二款的规定。北京市海淀区水务综合执法队依据检查结果，向北京市海淀区水务局申请立案调查。

调查过程中，执法人员进行了现场拍照取证，制作了"现场勘验笔录"和"询问笔录"，查明当事人在上述地点提供餐饮服务期间未正常使用隔油设施，该行为违反了《北京市排水和再生水管理办法》第十六条第二款的规定，影响了排水管理秩序，属于违法行为。当事人对违法事实认定无异议。

---

① 《北京市排水和再生水管理办法》于 2009 年 11 月 10 日第 52 次市政府常务会议通过，2009 年 11 月 26 日北京市人民政府第 215 号令公布，自 2010 年 1 月 1 日起施行。

　　根据调查结果，北京市海淀区水务局向当事人送达了"责令限期改正通知书"，依法责令当事人限期整改。2022 年 11 月 2 日，执法人员复查发现，经查当事人提供餐饮服务期间已正常使用隔油设施。

　　依据《北京市排水和再生水管理办法》第三十六条的规定，鉴于当事人在限期责改期间完成对设施的整改，已正常使用隔油设施的情形，北京市海淀区水务局依法对当事人作出不予处罚决定。执法人员对当事人进行了批评教育工作。此案件执行完毕。

【法律依据】

　　《北京市排水和再生水管理办法》第十六条第二款："专用排水管线接入公共排水管网应当符合国家标准规范，并在连接点处预留检查井。接入公共排水管网的餐饮服务排水户应当设置符合标准的隔油设施，并保持设施正常运行。"

　　《北京市排水和再生水管理办法》第三十六条："违反本办法第十六条第二款规定，餐饮服务排水户未设置隔油设施或者隔油设施不能正常使用的，责令限期改正；逾期不改正的，处 1000 元以上 5000 元以下罚款。"

【案件评析】

　　本案是查处餐饮排水户提供餐饮业服务期间，未正常使用隔油设施的违法案例。此类案情看似普通，但在日常生活中却极为普遍。随着群众生活水平的提高，餐饮业也是遍地开花，既有独立存在的，也有成规模多家共存的，这也加大了排水秩序的管理难度。对餐饮排水户排水行为的监管，也被列入水行政执法的重点关注内容。此类案件，重在规范管理，逾期不改正的，加以处罚。因此，当事人往往存在侥幸心理，经常疏于对隔油设施的日常管理和维护，造成隔油设施不能正常使用的现象。此类案件的处置要点有以下三项。

一是加强水法宣传。通过现场执法检查和水法宣传，使当事人明白，隔油设施的正常使用是排水水质达标排放的关键环节。

二是加强日常巡查、督促管理。对餐饮服务业的执法检查要进行常规化督查检查，促使当事人加强隔油设施的日常运行维护管理，增强维护排水秩序的意识。

三是综合利用执法手段达到规范目的。结合《城镇排水与污水处理条例》相关法规，对餐饮排水户的排水水质采取随机取样监测，查验排水户是否按照排水许可证要求排水，对违法排水行为依法进行查处。利用综合执法手段督促排水户增强对隔油设施正常使用的意识，达到规范排水行为。

为更好地加强水务行业监管，促进社会秩序健康有序发展，在实行包容审慎柔性执法的过程中，对监管对象违法行为，当事人积极配合整改，违法情节轻微、首次违法的，采取包容审慎依法给予从轻或不予处罚的处理；对拒不改正，影响管理秩序，甚至对社会产生不良影响的违法行为，依法给予严惩，决不姑息。针对上述类似商业餐饮街的情形，在执法过程中会涉及多个排水户违法案件，查处过程中有一定的代表性和影响力。要求执法人员认真履行职责，坚持公平、公正、公开的原则，加强监管和依法行政。

📰 案例二 » 北京某有限公司隔油设施不能正常使用案

【案件基本情况】

2023年2月10日，北京市水务局执法人员在检查中发现，北京某有限公司在北京市密云区车站路某号楼的隔油设施不能正常使用。

立案后，执法人员进行了现场拍照取证，收集了相关证据材料，制作了"现场勘验笔录"和"询问笔录"。经查实，当事人经营的餐饮店后厨隔油设施不能正常使用，存在部分油污直接排入公共排水管网的情况。当事人的行为违反了《北京市排水和再生水管理办法》第十六条第二款之规定，属于违法行为。当事人对违法事实认定无异议。

2023年2月10日，执法人员向当事人送达了"责令限期改正通知书"。2023年2月11日，执法人员复查发现，当事人已按要求进行了改正，清理了隔油设施，并正常投入使用。2023年2月11日，执法人员向当事人送达了"不予行政处罚事先告知书"，并听取了当事人的陈述和申辩，制作了"陈述、申辩笔录"。

综合案件事实、情节及危害后果等因素，依据《中华人民共和国行政处罚法》第三十三条第一款之规定，北京市水务局对当事人作出不予行政处罚的决定。2023年3月27日， 执法人员向当事人送达了"北京市水务局不予行政处罚决定书"。此案执行完毕。

【法律依据】

《北京市排水和再生水管理办法》第十六条第二款："专用排水管线接入公共排水管网应当符合国家标准规范，并在连接点处预留检查井。接入公共排水管网的餐饮服务排水户应当设置符合标准的隔油设施，并保持设施正常运行。"

《北京市排水和再生水管理办法》第三十六条："违反本办法第十六条第二款规定，餐饮服务排水户未设置隔油设施或者隔油设施不能正常使用的，责令限期改正；逾期不改正的，处1000元以上5000元以下罚款。"

《中华人民共和国行政处罚法》第三十三条第一款："违法行为轻微并及时改正，没有造成危害后果的，不予行政处罚。初次违法且危害后果轻微并及时改正的，可以不予行政处罚。"

【案件评析】

隔油设施不能正常使用会危害排水设施的正常运行，油污废水未经处理直接排放到城市排水管道，会形成所谓的"地沟油"，对排水设备和城市污水处理厂产生影响，易导致城市排水管网不能发挥应有功能，影响城市排水安全。

本案是一起简单的餐饮隔油设施不能正常使用的案件，案件的查处，做到了事实清楚、证据确凿、法律适用准确、量罚适当。结合执法实践，本案可以从以下三个角度进行把握、分析。

一是本案处理的法律依据是《北京市排水和再生水管理办法》第三十六条，而不是《中华人民共和国行政处罚法》第三十三条第一款。前者是地方政府规章，后者是国家基本法律，前者对后者作了具体规定，体现了后者的立法精神，但是两者的具体适用条件是不同的。根据前者，对餐饮服务排水户未设置隔油设施或者隔油设施不能正常使用的违法行为给予罚款的行政处罚，有前置程序"责令限期改正"和前置条件"逾期未改正"的要求，只要餐饮服务排水户在前置程序中限期完成整改，行政机关就不能给予罚款的行政处罚。如果根据后者，行政机关不予处罚餐饮服务排水户的条件就极为严格：第一种情况，除"及时改正"外，还要求"违法行为轻微"和"没有造成危害后果"；第二种情况，除"及时改正"外，还要求"初次违法"和"危害后果轻微"，行政机关对是否处罚有裁量权。结合本案的事实，餐饮服务排水户未设置隔油设施或者隔油设施直接排放城市排水管道，对认定"违法行为轻微""初次违法""没有造成危害后果""危害后果轻微"，进而适用《中华人民共和国行政处罚法》第三十三条第一款是存在证据不足的。即使本案同时符合《北京市排水和再生水管理办法》第三十六条和《中华人民共和国行政处罚法》第三十三条第一款两个条文的不予处罚法律规则，属于法律规范竞合，法理上前者也有优先适用的效力，应当选择适用前者为依据。

二是包容审慎，进一步优化营商环境。为贯彻落实国务院关于持续推进"放管服"改革的工作要求，响应群众和企业呼声，进一步优化营商环境，推进包容审慎监管，根据《中华人民共和国行政处罚法》《北京市优化营商环境条例》的相关规定，北京市水务局制定了《北京水务领域轻微违法行为免罚清单》，探索"首违不罚""轻违免罚"这样一些寓服务于监管之中的执法方式，来保障法律效果与社会效果相统一。

三是坚持贯彻"执法+普法"相结合的原则。行政处罚只是一种惩戒手段，其最终目的是让当事人认识到自己的行为违法，使其懂法、守法。本案中，通过执法人员的宣传教育，当事人认识到违法行为的危害性，及时对隔油设施进行了清理，并投入正常使用。通过案件的查处达到了惩戒和教育相结合的目的，取得良好的效果。

在今后的执法工作中，还将继续坚持"执法+普法"相结合。广泛运用说服教育、劝导示范、警示告诫、指导约谈等柔性执法方式，教育、引导、督促当事人依法合规开展生产经营活动，自觉增强法律意识和主体责任意识，不断优化营商环境。

案例三 » 北京某餐饮有限公司第二分公司未设置隔油设施案

【案件基本情况】

2023年3月21日，北京市水务局执法人员在检查中发现，北京某餐饮有限公司第二分公司在北京市顺义区某餐饮场所未设置隔油设施。

立案后，执法人员进行了现场拍照取证，收集了相关证据材料，制作了"现场勘验笔录"和"询问笔录"。经查实，该公司于2023年2月1日装修后未设置隔油设施。当事人的行为违反了《北京市排水和再生水管理办法》第十六条第二款之规定，属违法行为。当事人对违法事实认定无异议。

2023年3月22日，执法人员向当事人送达了"责令限期改正通知书"。2023年3月27日，执法人员复查发现，当事人已按要求进行了改正，设置了隔油设施。2023年3月27日，执法人员向当事人送达了"行政处罚事先告知书"，并听取了当事人的陈述、申辩，制作了"陈述、申辩笔录"。

综合案件事实、情节及危害后果等因素，依据《北京市排水和再生水管理办法》第三十六条，北京市水务局对当事人作出不予行政处罚的决定。2023年5月6日，执法人员向当事人送达了"北京市水务局不予行政处罚决定书"。此案执行完毕。

【法律依据】

《北京市排水和再生水管理办法》第十六条第二款："专用排水管线接入公共排水管网应当符合国家标准规范，并在连接点处预留检查井。接入公共排水管网的餐饮服务排水户应当设置符合标准的隔油设施，并保持设施正常运行。"

《北京市排水和再生水管理办法》第三十六条："违反本办法第十六条第二款规定，餐饮服务排水户未设置隔油设施或者隔油设施不能正常使用的，责令限期改正；逾期不改正的，处1000元以上5000元以下罚款。"

【案件评析】

（1）对分公司作为被处罚主体适格的分析

一是分公司作为行政处罚当事人有法律依据。《中华人民共和国行政处罚法》第三条规定行政处罚的对象为"公民、法人或者其他组织"。根据《最高人民法院关于适用〈中华人民共和国民事诉讼法〉的解释》第五十二条："民事诉讼法第五十一条规定的其他组织是指合法成立、有一定的组织机构和财产，但又不具备法人资格的组织，包括……（五）依法设立并领取营业执照的法人的分支机构……"

二是分公司在处罚和执行上具有可操作性。在案件处罚上，执法部门对分公司进行行政处罚要充分掌握其违法行为的主要事实，并且证据确凿，有法定依据；在案件执行上，若分公司不能完全承担有关行政责任，则应由其所隶属的公司承担连带责任。

三是分公司作为处罚对象的主体资格。在将分公司作为行政处罚当事人时，该分公司必须是已经取得营业执照或者其他批准文件的合法经济组织。对于非依法设立或者依法设立但未取得营业执照的分公司的处罚，则应当将具有法人资格的公司作为行政处罚对象。

本案中，被处罚主体虽然为分公司，但其已依法取得营业执照，能够独立承担行政责任，故该分公司作为被处罚主体适格。

（2）报案时间和发案时间的概念与认定

报案时间和发案时间是执法办案中两个基本的时间要件，也是查清违法事实的两个关键要素。在日常执法工作中，存在对报案时间和发案时间的概念认识不清、把握不准的情况，导致案件调查不彻底、事实认定不全，影响了案件办理质量。

发案时间，是指违法事实发生时间，即违法行为开始实施的时间。在案件调查中，发案时间一般在立案呈批表和询问笔录中体现。

报案时间，是指执法人员发现违法事实的时间。在实务中，一般以现场勘验的时间为准。一般情况下，发案时间在报案时间之前或同时。

在日常办案中，往往出现将两者混淆的情况：一是"询问笔录"中未询问发案时间，只列明报案时间，直接将报案时间作为发案时间；二是对违法事实发生时间认定不具体，该明确的未明确，如使用"×时左右"或"×日上午"等不确定性词语。作为执法人员，在制作相关笔录时，一定要坚持严谨、细致的工作态度，将违法事实询问清楚。

📰 **案例四 »** 唐县某劳务有限公司城镇排水与污水处理突发事件发生后，未及时采取防护措施、组织事故抢修案

【案件基本情况】

2022年11月8日，北京市水务局执法人员在检查中发现，唐县某劳务有限公司在北京市怀柔区桥梓镇杨家东庄村污水外引工程排水管网污水井处，城镇排水与污水处理突发事件发生后，未及时采取防护措施、组织事故抢修。

立案后，北京市水务局执法人员会同北京市城市排水检测总站有限公司工作人员进行现场勘验取样。经勘验，唐县某劳务有限公司排水管网污水外溢的位置位于北京市怀柔区桥梓镇杨家东庄村污水外引工程排水管网，有1个外溢水口，外溢水口经GPS卫星定位至具体坐标，确认排放类型为生活污水。其行为违反了《城镇排水与污水处理条例》①第四十条第二款之规定，属于违法行为。执法人员进行了现场拍照取证，收集了相关证据材料，并制作了"现场勘验笔录"和"询问笔录"。

2022年11月8日，执法人员向当事人送达了"责令限期改正通知书"。2022年11月11日，经复查，该公司按照要求进行了整改。同日，执法人员向该公司送达了"行政处罚事先告知书"，并听取了当事人的陈述、申辩，制作了"陈述、申辩笔录"，当事人表示希望酌情给予从轻处罚。

综合案件事实、情节及危害后果等因素，且当事人积极配合调查并进行改正，具有从轻处罚的情节。依据《城镇排水与污水处理条例》第

---

① 《城镇排水与污水处理条例》于2013年9月18日国务院第24次常务会议通过，2013年10月2日国务院令第641号公布，自2014年1月1日起施行。

五十五条第（二）项和《北京市水行政处罚裁量基准》之规定，对当事人作出予以警告的行政处罚。2023 年 2 月 2 日，执法人员向当事人送达了"北京市水务局行政处罚决定书"。此案执行完毕。

【法律依据】

《城镇排水与污水处理条例》第四十条第二款："城镇排水与污水处理安全事故或者突发事件发生后，设施维护运营单位应当立即启动本单位应急预案，采取防护措施、组织抢修，并及时向城镇排水主管部门和有关部门报告。"

《城镇排水与污水处理条例》第五十五条："违反本条例规定，城镇排水与污水处理设施维护运营单位有下列情形之一的，由城镇排水主管部门责令改正，给予警告；逾期不改正或者造成严重后果的，处 10 万元以上 50 万元以下罚款；造成损失的，依法承担赔偿责任；构成犯罪的，依法追究刑事责任：

（一）未按照国家有关规定履行日常巡查、维修和养护责任，保障设施安全运行的；

（二）未及时采取防护措施、组织事故抢修的；

（三）因巡查、维护不到位，导致窨井盖丢失、损毁，造成人员伤亡和财产损失的。"

【案件评析】

安全意识淡薄是发生事故的罪魁祸首，忽视对安全意识的培养是最大的安全隐患。增强安全意识，不仅是为了生产生活，还是服务于生命本身的一种责任，是安全工作的灵魂。

本案当事人在进行工程作业的过程中，发生了排水管网污水外溢的突发事件，没有做到及时采取防护措施、组织抢修，违反了《城镇排水与污水处理条例》第四十条第二款的规定。案件的查处，做到了事实清楚、证据确凿、法律适用准确，且按照《北京市水行政处罚裁量基准》之规定从轻处理，当事人未在规定期限内申请行政复议或者提起行政诉讼。结合执法实践，本案可以从以下两个角度进行分析。

一是建立健全施工单位安全思想意识。在安全生产工作中，要牢固树立"安全重在抓落实"的思想意识，要始终保持"如履薄冰"的高度警戒状态，对于突发事件要坚持事前预防与事后应急相结合的原则。努力在萌芽状态或初始阶段化解事件，及时有效地控制事态发展。要坚持统一领导、协同作战的原则。处置突发事件，由单位应急工作小组统一领导、指挥和调配，明确责任、协调一致、密切配合，坚决执行应急工作的处置方法和措施。要坚持快速反应、科学应对的原则。建立企业的预警和处置突发事件的快速反应机制，一旦出现突发事件，确保发现、报告、指挥、处置等环节的紧密衔接，及时应对。要坚持各尽其责、分级控制的原则。按照"谁主管谁负责"的原则，迅速组织相关人员对突发事件进行处理和控制。上下一心，绷紧安全的这根弦，避免成为"温水中的青蛙"，杜绝麻痹大意，消灭违章作业，切实保证生命和财产安全，实现全员安全作业。

二是提高执法部门执法与普法融合力度。水务执法人员开展排水检查的目的之一，是监督指导排水户按要求排放污水，避免造成严重后果。水务执法部门应以此执法场所为阵地，以水行业法律法规宣传和业务知识培训为抓手，把普法工作融入执法、管理、服务等日常工作，向辖区所有重点企业和涉水工程企业等，开展"送法上门"普法宣传活动，"点对点"普法，抓住"安全生产月"并结合重大政策法律出台节点，集中时间、集中人员，深入开展各类主题法治宣传活动，增强法律意识，不断提升执法人员的普法水平和企业、群众的法律意识，积极营造学法、用法、守法的良好氛围，共同保障首都良好水生态环境。

"安全生产大如天，警钟长鸣记心间。"无论是企业主还是实际操作人员都应该时刻保持高度的安全生产意识，时刻绷紧安全生产之弦，强化安全风险防控和隐患排查治理，筑牢安全生产"防护墙"。对于水务执法人员的排水专项检查，要突出"补短板、强监管、出亮点"，不仅要进一步加强水事水行政执法能力建设，还要执法与普法有机结合，按照"谁执法谁普法""谁服务谁普法""谁主管谁普法"的原则履行普法责任，多形式开展普法宣传活动。加强安全生产工作，防止和减少生产安全事故，保障人民群众生命和财产安全，落实"安全第一、预防为主、综合治理"的十二字方针。让首都水环境"底气"更足。

📰 案例五 » 北京某仓储有限公司未按照污水排入排水管网许可证的要求排放污水案

【案件基本情况】

2023 年 5 月 30 日 15 时 50 分，北京市顺义区水务局执法队员对北京某仓储有限公司排水、排污一事进行现场检查。经现场核实，该公司有污水排入排水管网许可证。经委托第三方检测公司现场抽取北京某仓储有限公司排水管线末端与城镇排水设施相接处污水井内排水口的水样进行检测后发现，检测结果显示的总磷测定值为 8.16mg/L（限值要求 ≤ 8.0mg/L）、氨氮测定值为 91.6mg/L（限值要求 ≤ 45mg/L）、化学需氧量测定值为 666mg/L（限值要求 ≤ 500mg/L），均超过限值要求。北京某仓储有限公司未按照污水排入排水管网许可证的要求排放污水。

2023 年 6 月 29 日，执法人员对北京某仓储有限公司未按照污水排入排水管网许可证的要求排放污水一事进行复查。经委托第三方检测公司现场抽取北京某仓储有限公司排水管线末端与城镇排水设施相接处污水井内排水口的水样进行检测后发现，检测结果显示的氨氮测定值为 52.6mg/L（限值要求 ≤ 45mg/L）。北京某仓储有限公司未按照整改的要求达标排放污水。

2023 年 6 月 29 日，北京市顺义区水务局对北京某仓储有限公司未按照污水排入排水管网许可证的要求排放污水一事下发"行政处罚事先告知书"，该单位在规定的时间内未提出陈述、申辩的要求。北京市顺义区水务局于 2023 年 8 月 7 日对北京某仓储有限公司未按照污水排入排水管网许可证的要求排放污水一事作出罚款 3.4 万元的行政处罚。"北京市水务局行政处罚决定书"于 2023 年 8 月 7 日送达。该公司于 2023 年 8 月 14 日将罚款缴纳至银行。此案执行完毕。

【法律依据】

《城镇排水与污水处理条例》第二十一条第二款："排水户应当按照污水排入排水管网许可证的要求排放污水。"

《城镇排水与污水处理条例》第五十条第二款："违反本条例规定，排水户不按照污水排入排水管网许可证的要求排放污水的，由城镇排水主管部门责令停止违法行为，限期改正，可以处 5 万元以下的罚款；造成严重后果的，吊销污水排入排水管网许可证，并处 5 万元以上 50 万元以下罚款，可以向社会予以通报；造成损失的，依法承担赔偿责任；构成犯罪的，依法追究刑事责任。"

【案例评析】

（1）违法行为及依据

北京某仓储有限公司未按照污水排入排水管网许可证的要求排放污水的行为违反了《城镇排水与污水处理条例》第二十一条第二款的规定。

（2）法律适用

对北京某仓储有限公司未按照污水排入排水管网许可证的要求排放污水的行为，北京市顺义区水务局对该案作出如下处理。

依据《城镇排水与污水处理条例》第五十条第二款的规定，"排水户不按照污水排入排水管网许可证的要求排放污水的，由城镇排水主管部门责令停止违法行为，限期改正，可以处5万元以下罚款"；同时，依照《北京市常用水行政处罚裁量基准表》第二部分表7A（一），日用水量 >50 吨或 2< 超标倍数 <5，超标项 3 项及以上，3< 罚款额（万元）≤ 4，最终对北京某仓储有限公司处罚款 3.4 万元的行政处罚。

根据《城镇排水与污水处理条例》规定，排水户申请领取污水排入排水管网许可证，其排放的污水应当符合国家规定的排放标准。之前部分企业认为按照要求办理了排水证，就可以肆无忌惮地排放污水，导致城镇污水处理厂进口水质一直超标，给污水处理厂的运行增加了压力。针对这种行为，顺义区水务局加大执法力度，对重点排污企业进行必查、一般排水户抽查的方式来监督排水户的排水行为。发现企业排出的污水超标，执法部门立即下发整改通知，让企业自查自改。依照《北京市常用水行政处罚裁量基准表》对涉事企业给予处罚。2023 年 9 月 20 日起施行北京市水务局第 16 次局长办公会审议通过的京水务法〔2023〕12 号《北京市常用水行政处罚裁量基准表》。

📰 **案例六 »**　　北京某有限公司擅自接入公共排水管网案

【案件基本情况】

2023 年 2 月 28 日，北京市水务局执法人员在检查中发现，北京某有限公司在北京市朝阳区轨道交通 22 号线某标区间风井院内擅自接入公共排水管网。

立案后，执法人员进行了现场拍照取证，收集了相关证据材料，制作了"现场勘验笔录"和"询问笔录"。经查实，当事人在北京市朝阳区轨道交通 22 号线某标区间风井院内擅自接入公共排水管网，用一根管径 300 毫米的 PVC 管接入到院外公共排水管网内。当事人的行为违反了《北京市排水和再生水管理办法》第十八条第六项之规定，属于违法行为。当事人对违法事实认定无异议。

2023 年 3 月 1 日，执法人员向当事人送达了"责令限期改正通知书"。2023 年 3 月 2 日，执法人员复查发现，当事人已按照"责令限期改正通知书"的要求进行了改正，对排水口进行了封堵。2023 年 3 月 2 日，执法人员向当事人送达了"不予行政处罚事先告知书"，并听取了当事人的陈述、申辩，制作了"陈述、申辩笔录"。

综合案件事实、情节及危害后果等因素，依据《中华人民共和国行政处罚法》第三十三条第一项之规定，北京市水务局对当事人作出了不予行政处罚的决定。2023 年 4 月 12 日，执法人员向当事人送达了"北京市水务局不予行政处罚决定书"。此案执行完毕。

【法律依据】

《北京市排水和再生水管理办法》第十八条："禁止下列损害排水和再生水设施的行为：

……

（六）擅自接入公共排水和再生水管网；

……

（八）其他损害排水和再生水设施的行为。"

《中华人民共和国行政处罚法》第三十三条第一款："违法行为轻微

并及时改正，没有造成危害后果的，不予行政处罚。初次违法且危害后果
轻微并及时改正的，可以不予行政处罚。"

【案件评析】

本案是一起典型的擅自接入公共排水管网类案件。案件的顺利查处，
主要有以下三个方面的原因。

首先，调查及时，定性准确。监察员在巡查中发现违法行为后，立即
在现场展开调查，询问相关人员，并进行勘验调查，取证了宝贵的现场证据，
为进一步查处打下了基础。在调查过程中，监察员耐心地向其介绍了相关
法规，告知其《北京市排水和再生水管理办法》第十八条第（六）项规定，
擅自接入公共排水和再生水管网属损害排水和再生水设施的行为，属违法
行为。在监察员的宣传教育下，当事人认识到了行为的违法性，表示愿意
配合监察员的执法工作，对排水口进行封堵，停止排水。

其次，执法与宣传相结合。《北京市排水和再生水管理办法》第十八
条第（六）项规定，擅自接入公共排水和再生水管网属违法行为。在执法
过程中，监察员发现，当事人对这种违法排污行为的危害性认识不足，认
为并不违法，没有处罚的必要。面对这种情况，监察员耐心地向其宣传法
律法规，介绍了排水管线的作用和擅自接入行为的危害性与违法性。监察
员的做法及时消除了当事人的疑虑，给案件的进一步查处打下了基础。

最后，依法告知当事人应该享有的权利。在复查工作结束后，监察员
依法向当事人送达了"不予行政处罚告知书"，告知其违法情形依据和行
政处罚依据及幅度；同时，制作了"陈述、申辩笔录"，告知当事人享有
陈述和申辩的权利。

📰 **案例七 »**　　　　某物业管理公司损害排水和再生水设施案

【案件基本情况】

2022 年 12 月 27 日，北京某公司工作人员电话举报，12 月 26 日下午某吸污车在北京市海淀区交大东路某处向污水管网排放吸污车内粪便水，臭味明显。北京市海淀区水务综合执法队立即向北京市海淀区水务局申请立案。2022 年 12 月 27 日，北京市海淀区水务局批准立案。执法人员联系海淀区公安局环食药旅支队，对嫌疑车辆信息进行协查，当日获取线索，并联系到涉案单位法定代表人。2022 年 12 月 27 日、12 月 30 日执法人员联合属地及北京某公司复核现场，先后对现场进行勘验并获取涉案点位、涉案时段监控录像。2023 年 1 月 15 日，执法人员对当事人进行询问并制作了笔录。通过举报信息、询问笔录、证据照片、视频录像等证据可认定当事人向市政管网排放粪便水事实存在。当事人损害排水设施的行为涉嫌违反了《北京市排水和再生水管理办法》第十八条第（三）项的规定。2023 年 1 月 30 日，北京市海淀区水务局依法向当事人下达"行政处罚事先告知书"。

当事人自收到告知书后 5 个工作日内未提出进一步陈述申辩意见，该当事人的违法行为没有减轻、从轻、从重处罚的情节，依据《北京市水行政处罚裁量基准》第十八条第一款规定，应当对其予以一般行政处罚。依据《北京市排水和再生水管理办法》第三十八条第（一）项的规定，北京市海淀区水务局于 2023 年 2 月 10 日依法对其作出罚款 2.2 万元的处罚决定。

【法律依据】

《北京市排水和再生水管理办法》第十八条："禁止下列损害排水和再生水设施的行为：

（一）擅自占压、拆卸、移动排水和再生水设施；

（二）穿凿、堵塞排水和再生水设施；

（三）向排水和再生水设施倾倒垃圾、粪便、渣土、施工废料、污水处理产生的污泥等废弃物；

……"

《北京市排水和再生水管理办法》第三十八条："违反本办法第十八条规定，损害排水和再生水设施的，责令限期改正，并可按照下列标准予以罚款；给他人造成损失的，依法承担赔偿责任：

（一）违反第（一）项、第（二）项、第（三）项、第（四）项、第（七）项规定的，处1万元以上3万元以下罚款；

（二）违反第（五）项、第（六）项、第（八）项规定的，处3000元以上1万元以下罚款。"

【案件评析】

结合执法实践，本案可以从以下三个角度进行把握、分析。

一是违法事实清楚，证据确凿。本案属于举报案件，通过举报信息，基本可以判定违法行为存在。本案当事人的行为，违反了《北京市排水和再生水管理办法》第十八条第（三）项的规定，属于损害市政排水设施的违法行为。

二是程序合法。执法人员严格依照执法程序开展立案、调查走访，联合部门情况核实、询问，告知并充分保障当事人的合法权益。

三是近年来，水务部门持续加大对排水户的监管，排水户对排水水质的重视越来越高，不断加大化粪池、隔油池等预处理设施的日常维护。在这种背景下，化粪池、隔油池清掏作业单位能否规范操作逐步成为监管部门关注的重点。近年来，个别维保作业单位及施工人员为了节约成本、图省事，违规操作，没有将化粪池清掏物及隔油池清掏物运到正规消纳场处理，随意倾倒，影响市政排水运行，损害市政排水设施。这类案件由于实施违法作业人员相对专业，对监控死角比较熟悉，往往给案件查处造成较大困难，但是对于这类恶性违法案件，北京市海淀区水务局充分发动群众，有效利用智能监控，联合公安、环保、管线维保单位、属地等部门，坚决给予重点打击。

📰 案例八 »　　　张某某未按照国家有关规定将污水排入城镇排水设施案

【案件基本情况】

2022 年 9 月 13 日，北京市丰台区水务局检查发现，张某某驾驶一辆吸污车正在向北京市丰台区某小区外的城镇排水设施内排放污水。随即，执法人员对张某某的行为进行制止，并对该吸污车内的污水进行抽样检测。最终检测结果显示，该吸污车内水样多项重金属严重超标。

张某某未按照国家有关规定将污水排入城镇排水设施的行为违反了《城镇排水与污水处理条例》第二十条第一款之规定。丰台区水务局于 2022 年 9 月 14 日向当事人送达"责令限期改正通知书"，张某某在规定期限内对城镇排水设施进行了清理，改正了违法行为。执法人员于 2022 年 9 月 28 日向当事人送达"行政处罚事先告知书"，当事人在收到告知书 5 日内未提出进一步陈述、申辩意见。

综合案件事实、情节及危害后果等因素，丰台区水务局依据《城镇排水与污水处理条例》第四十九条之规定，对张某某作出警告的行政处罚，对张某某涉嫌严重污染环境的行为移交公安机关处理。

【法律依据】

《城镇排水与污水处理条例》第二十条第一款："城镇排水设施覆盖范

围内的排水单位和个人，应当按照国家有关规定将污水排入城镇排水设施。"

《城镇排水与污水处理条例》第四十九条："违反本条例规定，城镇排水与污水处理设施覆盖范围内的排水单位和个人，未按照国家有关规定将污水排入城镇排水设施，或者在雨水、污水分流地区将污水排入雨水管网的，由城镇排水主管部门责令改正，给予警告；逾期不改正或者造成严重后果的，对单位处 10 万元以上 20 万元以下罚款，对个人处 2 万元以上10 万元以下罚款；造成损失的，依法承担赔偿责任。"

《最高人民法院、最高人民检察院关于办理环境污染刑事案件适用法律若干问题的解释》的相关规定：排放、倾倒、处置含铅、汞、镉、铬、砷、铊、锑的污染物，超过国家或者地方污染物排放标准三倍以上；排放、倾倒、处置含镍、铜、锌、银、钒、锰、钴的污染物，超过国家或者地方污染物排放标准十倍以上的应当认定为"严重污染环境"。丰台区水务局对张某某未按照国家有关规定将污水排入城镇排水设施案件结案后，将该案件移送公安机关处理。

【案件评析】

行为人未按照国家有关规定将污水排入城镇排水设施的行为，虽在规定期限内对城镇排水设施进行了清理，改正了违法行为，但其排放的污水中多项重金属严重超过国家或者地方污染物排放标准。据此，丰台区水务局对张某某未按照国家有关规定将污水排入城镇排水设施案件结案后，将该案件移送公安机关处理。

环境犯罪案件行刑衔接具有重要的现实意义，行政执法部门与刑事司法部门形成合力，严厉打击环境违法犯罪，是贯彻国家生态文明建设理念、保护蓝天青山绿水的应有之义。它对于保障刑事司法公正，促进治安建设发挥着重要作用，只有在法治的基础上，才能保障人民的权利和利益，从而稳定社会秩序，促进国家的长治久安。

下一步，丰台区水务局将继续加强巡查力度，以"零容忍"的态度严厉打击污染水环境的违法行为，对水环境犯罪坚持露头就打、除恶务尽，着力形成水资源的可持续发展，打造一个美丽的水环境。

📰 **案例九 »**　　上海某某有限公司北京分公司不按照排水许可证的要求排放污水

【案件基本情况】

2023 年 1 月 5 日，北京市水务局执法人员在检查中发现，上海某某有限公司北京分公司在北京市石景山区古城南街 9 号院不按照排水许可证的要求排放污水。

立案后，执法人员进行了现场拍照取证，收集了相关证据材料，制作了"现场勘验笔录"和"询问笔录"。经查实，当事人北侧排水口的污水水质氨氮测定值为 58.1mg/L，南侧排水口的污水水质氨氮测定值为 67.4mg/L，不符合 DB 11/307—2013《水污染物综合排放标准》中表 3 氨氮标准限值 45mg/L 的规定，当事人的行为违反了《城镇排水与污水处理条例》第二十一条第二款之规定，属于违法行为。当事人对违法事实认定无异议。

2023 年 1 月 16 日，执法人员向当事人送达了"责令限期改正通知书"。2023 年 1 月 29 日，执法人员复查发现，当事人已按要求进行了改正，排水口排水水质合格。2023 年 2 月 3 日，执法人员向当事人送达了"不予行政处罚事先告知书"，并听取了当事人的陈述、申辩，制作了"陈述、申辩笔录"。

综合案件事实、情节及危害后果等因素，依据《中华人民共和国行政处罚法》第三十三条第一款之规定，北京市水务局对当事人作出不予行政处罚的决定。2023 年 3 月 27 日，执法人员向当事人送达了"北京市水务局不予行政处罚决定书"。此案执行完毕。

【法律依据】

《城镇排水与污水处理条例》第二十一条第二款："排水户应当按照污水排入排水管网许可证的要求排放污水。"

《城镇排水与污水处理条例》第五十条第二款："违反本条例规定，排水户不按照污水排入排水管网许可证的要求排放污水的，由城镇排水主管部门责令停止违法行为，限期改正，可以处5万元以下罚款；造成严重后果的，吊销污水排入排水管网许可证，并处5万元以上50万元以下罚款，可以向社会予以通报；造成损失的，依法承担赔偿责任；构成犯罪的，依法追究刑事责任。"

《中华人民共和国行政处罚法》第三十三条第一款："违法行为轻微并及时改正，没有造成危害后果的，不予行政处罚。初次违法且危害后果轻微并及时改正的，可以不予行政处罚。"

【案件评析】

《城镇排水与污水处理条例》明确规定，排水户应当按照规定向城市排水管网排放污水，且必须事先向有关管理部门申请办理污水排入排水管网许可证。同时，应当设置预处理设施，使水质达到一定标准后，方可排入城市排水管网。

本案是一起物业公司不按照排水许可证的要求排放污水的案件，案件的查处，做到了事实清楚、证据确凿、法律适用准确、量罚适当，当事人在规定时间内改正了违法行为，未在规定期限内申请行政复议或者提起行政诉讼。结合执法实践，本案可以从以下三个角度进行把握、分析。

一是当事人是否取得排水许可证。根据《城镇排水与污水处理条例》

第二十一条第一款的规定，从事工业、建筑、餐饮、医疗等活动的企业事业单位、个体工商户向城镇排水设施排放污水的，应当向城镇排水主管部门申请领取污水排入排水管网许可证。该公司从事物业管理工作，管理对象包括餐饮等排水户，故应办理排水许可证，取得排水资格后方可排放污水。否则，应按照未取得排水许可证排放污水案处理。

二是污水水质检测认定。该类案件在查处过程中的关键在于确定排水水质是否符合标准的规定。符合规定，为合法排污；不符合规定，则为违法排污，须进一步调查处理，并由行政机关作出行政处罚。在检查执法过程中，受行政机关委托，检测水质的工作由国家 CMA（China Inspection Body and Laboratory Mandatory Approval，中国检测机构和实验室强制认证）资质认定的检测服务机构北京市排水监测总站承担。监测总站工作人员现场对排水进行取样检测，得出《检验检测报告》。权威、专业的检测报告及数据支持，提高了说服力，消除了当事人的疑虑，成为监察员确定违法事实的关键证据材料，给监察员合理作出自由裁量权提供了重要依据，有力推动了案件的顺利查处。

三是充分保障当事人合法权利。本案中，行政机关充分保障了当事人合法权利，如履行了行政处罚事项告知程序，听取了当事人的陈述申辩，明确告知了当事人行政复议、行政诉讼等救济途径等。既充分地保障了当事人合法权益，也体现了行政执法的"温度"。

案例十 » 北京某有限公司排水户法定代表人变更未按规定办理变更手续案

【案件基本情况】

2023 年 2 月 13 日，北京市水务局执法人员在检查中发现，北京某有限公司在北京市海淀区后厂村路某大厦疑似排水户法定代表人变更未按规定办理变更手续。

立案后，执法人员进行了现场拍照取证，收集了相关证据材料，制作了"现场勘验笔录"和"询问笔录"。经查实，当事人在北京市海淀区后厂村路某大厦疑似排水户法定代表人变更未按规定办理变更手续。城镇污水排入排水管网许可证排水户名称为北京某有限公司某大厦，法定代表人为林某，发证日期为 2019 年 1 月 8 日；营业执照名称为北京某有限公司，法定代表人为李某某，发证日期为 2022 年 1 月 29 日。北京某有限公司于 2022 年 1 月 29 日变更了法定代表人，法定代表人由林某变为了李某某。当事人的行为违反了《城镇污水排入排水管网许可管理办法》①第十二条第二款之规定，属于违法行为。当事人对违法事实认定无异议。

2023 年 2 月 16 日，执法人员向当事人送达了"责令限期改正通知书"。2023 年 3 月 13 日，执法人员复查发现，当事人已于 2023 年 2 月 28 日变更了城镇污水排入排水管网许可证副本法定代表人。2023 年 3 月 14 日，执法人员向当事人送达了"不予行政处罚事先告知书"，并听取了当事人的陈述、申辩，制作了"陈述、申辩笔录"。

综合案件事实、情节及危害后果等因素，依据《中华人民共和国行政处罚法》第三十三条第一项之规定，北京市水务局对当事人作出不予行政处罚的决定。2023 年 4 月 20 日，执法人员向当事人送达了"北京市水务局不予行政处罚决定书"。此案执行完毕。

----

① 《城镇污水排入排水管网许可管理办法》于 2015 年 1 月 22 日中华人民共和国住房和城乡建设部令第 21 号发布，根据 2022 年 12 月 1 日中华人民共和国住房和城乡建设部令第 56 号修正，自 2023 年 2 月 1 日起施行。

【法律依据】

《城镇污水排入排水管网许可管理办法》第十二条第二款："排水户名称、法定代表人等其他事项变更的，排水户应当在变更之日起 30 日内向城镇排水主管部门申请办理变更。"

《城镇污水排入排水管网许可管理办法》第二十九条："排水户名称、法定代表人等其他事项变更，未按本办法规定及时向城镇排水主管部门申请办理变更的，由城镇排水主管部门责令改正，可以处 1 万元以下罚款。"

《中华人民共和国行政处罚法》第三十三条第一款："违法行为轻微并及时改正，没有造成危害后果的，不予行政处罚。初次违法且危害后果轻微并及时改正的，可以不予行政处罚。"

【案件评析】

根据《城镇污水排入排水管网许可管理办法》第十二条第二款的规定，排水户名称、法定代表人等其他事项变更的，排水户应当在变更之日起 30 日内向城镇排水主管部门申请办理变更。

本案中，当事人营业执照中法定代表人由林某变更为李某某在先，而其排水许可证法定代表人仍为林某，未及时办理变更，不符合《城镇污水排入排水管网许可管理办法》第十二条第二款的规定，属于违法行为。

执法人员依照《城镇污水排入排水管网许可管理办法》第二十九条的规定，向当事人下达了"责令限期改正通知书"，要求其在规定时间内做好变更工作。改正期限到期后，执法人员对当事人进行了复查。当事人已经按照要求做了变更，排水许可证法定代表人已由林某变更为李某某，与营业执照保持一致。北京市水务局依照《中华人民共和国行政处罚法》第三十三条第一款的规定，对当事人作出不予行政处罚的决定，本案得以圆满结案。

案例十一 » 　北京某有限公司向排水管网排放超标污水案

【案件基本情况】

2023 年 2 月 17 日，北京市水务局执法人员在检查中发现，北京某有限公司在北京市西城区西直门外大街某大厦向排水管网排放超标污水。

立案后，执法人员进行了现场拍照取证，收集了相关证据材料，制作了"现场勘验笔录"和"询问笔录"。经查实，当事人在北京市西城区西直门外大街某大厦向城镇排水设施排放污水，排水位置位于北京市西城区西直门外大街某大厦北侧的排水检查井处，排放类型为餐饮污水，排水检查经 GPS 卫星定位至具体坐标。排水口水质悬浮物测定值为 536mg/L，化学需氧量测定值为 764mg/L，氨氮测定值为 75.9mg/L，总磷测定值为 13.6mg/L，动植物油测定值为 55.5mg/L，不符合《水污染物综合排放标准》（DB 11/307—2013）中表 3 的要求。当事人的行为违反了《北京市排水和再生水管理办法》第十八条第（四）项之规定，属于违法行为。当事人对违法事实认定无异议。

2023 年 2 月 27 日，执法人员向当事人送达了"责令限期改正通知书"。2023 年 3 月 24 日，执法人员复查发现，当事人排水口水质已符合《水污染物综合排放标准》（DB 11/ 307—2013）中表 3 的要求。2023 年 4 月 4 日，执法人员向当事人送达了"不予行政处罚事先告知书"，并听取了当事人的陈述、申辩，制作了"陈述、申辩笔录"。

综合案件事实、情节及危害后果等因素，依据《中华人民共和国行政处罚法》第三十三条第一款之规定，北京市水务局对当事人作出不予行政处罚的决定。2023 年 5 月 26 日，执法人员向当事人送达了"北京市水务局不予行政处罚决定书"。此案执行完毕。

【法律依据】

《北京市排水和再生水管理办法》第十八条："禁止下列损害排水和再生水设施的行为：

......

（四）向排水管网排放超标污水、有毒有害及易燃易爆物质；

......"

《中华人民共和国行政处罚法》第三十三条第一款："违法行为轻微并及时改正，没有造成危害后果的，不予行政处罚。初次违法且危害后果轻微并及时改正的，可以不予行政处罚。"

【案件评析】

《北京市排水和再生水管理办法》第十八条第（四）项规定，禁止向排水管网排放超标污水。经取样检测，当事人排水水质不符合《水污染物综合排放标准》（DB 11/307—2013）中表3的要求。执法人员依照《北京市排水和再生水管理办法》相关规定，向当事人要求采取措施，使排水水质符合标准。经复查，当事人采取了治理措施，排水水质已符合标准。执法人员依照《中华人民共和国行政处罚法》第三十三条第一款的规定，依法作出不予处罚的决定。为保障当事人的权利，执法人员依法送达了"不予行政处罚事先告知书"，并听取了当事人的陈述、申辩，制作了"陈述、申辩笔录"。

案例十二 » 北京某有限公司损坏雨水管网案

【案件基本情况】

2023年3月14日，北京市水务局执法人员在检查中发现，北京某有限公司在北京市丰台区吴家村路北侧某处损坏雨水管网。

立案后，执法人员进行了现场拍照取证，收集了相关证据材料，制作了"现场勘验笔录"和"询问笔录"。经查实，当事人破坏雨水收集口内侧墙壁，穿入两根水管，向雨水管道内排放污水。当事人的行为违反了《北京市节水条例》第三十二条第二款之规定，属于违法行为。当事人对违法事实认定无异议。

2023 年 3 月 14 日，执法人员向当事人送达了"责令限期改正通知书"。2023 年 3 月 15 日，执法人员复查发现，当事人已按要求进行了改正，将雨水收集口内侧墙壁恢复原状，并停止向雨水收集口内排放污水。2023 年 3 月 15 日，执法人员向当事人送达了"行政处罚事先告知书"，并听取了当事人的陈述、申辩，制作了"陈述、申辩笔录"。

综合案件事实、情节及危害后果等因素，依据《北京市节水条例》第六十三条第二款之规定，北京市水务局对当事人作出罚款 1 万元的行政处罚。2023 年 5 月 9 日，执法人员向当事人送达了"北京市水务局行政处罚决定书"和"行政处罚缴款书"。当事人于 2022 年 5 月 10 日到银行缴纳了罚款。此案执行完毕。

【法律依据】

《北京市节水条例》第三十二条第二款："禁止破坏或者损坏供水管网、雨水管网、污水管网、再生水管网及其附属设施。"

《北京市节水条例》第六十三条第二款："违反本条例第三十二条第二款规定，破坏或者损坏供水管网、雨水管网、污水管网、再生水管网及其附属设施的，由水务部门责令改正，恢复原状或者采取其他补救措施，处十万元以下罚款；造成严重后果的，处十万元以上三十万元以下罚款；造成损失的，依法承担赔偿责任；构成犯罪的，依法追究刑事责任。"

【案件评析】

首先，调查及时，定性准确。执法人员巡查中发现违法行为后，立即在现场展开调查，询问相关人员，并进行勘验调查，取证了宝贵的现场证据，为进一步查处打下了基础。在调查过程中，执法人员耐心地向其介绍了相关法规，告知其《北京市节水条例》第三十二条第二款规定，损坏雨水管网属于违法行为。在执法人员的宣传教育下，当事人认识到了行为的违法性，表示愿意配合监察员的执法工作，并在规定时间内将雨水收集口内侧墙壁恢复原状，并停止向雨水收集口内排放污水。

其次，执法与宣传相结合。《北京市节水条例》第三十二条第二款规定，损坏雨水管网属违法行为。在执法过程中，执法人员发现，当事人对这种违法排污行为的危害性认识不足，认为并不违法，没有处罚的必要。面对这种情况，执法人员耐心向其宣传法律法规，介绍了排水管线的作用和损坏雨水管网行为的危害性与违法性。执法人员的做法及时消除了当事人的疑虑，为案件的进一步查处打下了基础。

最后，依法告知当事人应该享有的权利。在复查工作结束后，执法人员依法向当事人送达了"行政处罚事先告知书"，告知其违法情形依据和行政处罚依据及幅度；同时，制作了"陈述、申辩笔录"，告知当事人享有陈述和申辩的权利。

案例十三 »   某公司排水许可证其他事项未及时变更案

【案件基本情况】

2022 年 8 月 25 日，北京市海淀区水务综合执法队执法人员对某公司管理的位于北京市海淀区某处的排水情况进行检查。现场人员出示的 2018 年 11 月 30 日申领的排水许可证名称为某公司，法定代表人为王某，与现场出示的 2019 年 3 月 5 日的营业执照中法定代表人高某不一致。此行为涉嫌违反了《城镇污水排入排水管网许可管理办法》第十二条第二款的规定："排水户名称、法定代表人等其他事项变更的，排水户应当在工商登记变更后 30 日内向城镇排水主管部门申请办理变更。"北京市海淀区水务综合执法队根据以上检查结果向北京市海淀区水务局申请立案，于 2022 年 8 月 25 日获批。2022 年 9 月 5 日下午，北京市海淀区水务综合执法队对当事人进行了询问并制作了笔录。结合现场检查笔录、询问笔录、现场照片等证据，可认定当事人违法事实的存在。当事人的上述行为违反了《城镇污水排入排水管网许可管理办法》第十二条第二款的规定。

在 2022 年 9 月 5 日下午询问时，当事人向北京市海淀区水务综合执法队提交了其于 2022 年 8 月 31 日申请办理变更事宜的相关材料。

2022 年 9 月 14 日，北京市海淀区水务局依据《城镇污水排入排水管网许可管理办法》第二十九条的规定向当事人下达了"行政处罚事先告知书"。当事人收到告知书后，5 个工作日内未进一步提出陈述、申辩意见。2022 年 10 月 11 日，北京市海淀区水务局依法向当事人下达了"北京市水务局不予行政处罚决定书"。

【法律依据】

《城镇污水排入排水管网许可管理办法》第十二条第二款："排水户名称、法定代表人等其他事项变更的，排水户应当在变更之日起 30 日内向城镇排水主管部门申请办理变更。"

《城镇污水排入排水管网许可管理办法》第二十九条："排水户名称、法定代表人等其他事项变更，未按照本办法规定及时向城镇排水主管部门申请办理变更的，由城镇排水主管部门责令改正，可以处 1 万元以下罚款。"

【案件评析】

按照《城镇污水排入排水管网许可管理办法》第十二条第二款："排水户名称、法定代表人等其他事项变更的，排水户应当在工商登记变更后30日内向城镇排水主管部门申请办理变更。"《中华人民共和国行政处罚法》第五条第二款："设定和实施行政处罚必须以事实为依据，与违法行为的事实、性质、情节以及社会危害程度相当。"《中华人民共和国行政处罚法》第六条："实施行政处罚，纠正违法行为，应当坚持处罚与教育相结合，教育公民、法人或者其他组织自觉守法。"《中华人民共和国行政处罚法》第三十三条第一款："违法行为轻微并及时改正，没有造成危害后果的，不予行政处罚。"

鉴于当事人在执法人员现场检查后及时向城镇排水主管部门申请了办理变更手续，且其排水管线和污水来源没有变化，考虑到其违法行为轻微并及时改正，没有造成危害后果，北京市海淀区水务局对其作出了不予行政处罚的决定。

通过此案例，既有效地教育了法人要自觉守法，也体现了行政机关认真贯彻落实《中华人民共和国行政处罚法》的相关要求和目的，真正做到了处罚与违法行为的危害后果相结合、处罚与教育相结合，共同营造良好的懂法、守法、执法公正的氛围。

案例十四» 北京市某大酒店有限公司排水不缴纳污水处理费案

【案件基本情况】

2022年7月4日，北京市水务局执法人员接到其他单位移送称，北京某大酒店有限公司在北京市朝阳区排水不缴纳污水处理费，该行为始于2021年第三季度。

立案后，执法人员进行了现场拍照取证，收集了相关证据材料，制作了"现场勘验笔录"和"询问笔录"。经查实，当事人存在排水不缴纳污水处理费的行为。当事人的行为违反了《城镇排水与污水处理条例》第三十二条第一款之规定，属于违法行为。当事人对违法事实认定无异议。

2022 年 7 月 4 日，执法人员向当事人送达了"责令限期改正通知书"。2022 年 8 月 5 日，执法人员复查发现，当事人已按要求进行了改正，于2022 年 7 月 29 日缴纳了 2021 年第三季度和第四季度的污水处理费，共计 58854 元。2022 年 8 月 5 日，执法人员向当事人送达了"不予行政处罚事先告知书"，并听取了当事人的陈述、申辩，制作了"陈述、申辩笔录"。

综合案件事实、情节及危害后果等因素，依据《城镇排水与污水处理条例》第五十四条和《北京市水行政处罚裁量基准》之规定，北京市水务局对当事人作出不予行政处罚的决定。2022 年 9 月 5 日，执法人员向当事人送达了"北京市水务局不予行政处罚决定书"。

【法律依据】

《城镇排水与污水处理条例》第三十二条第一款："排水单位和个人应当按照国家有关规定缴纳污水处理费。"

《城镇排水与污水处理条例》第五十四条："违反本条例规定，排水单位或者个人不缴纳污水处理费的，由城镇排水主管部门责令限期缴纳，逾期拒不缴纳的，处应缴纳污水处理费数额 1 倍以上 3 倍以下罚款。"

《中华人民共和国行政处罚法》第三十三条第一款："违法行为轻微并及时改正，没有造成危害后果的，不予行政处罚。初次违法且危害后果轻微并及时改正的，可以不予行政处罚。"

【案件评析】

污水处理费是按照"污染者付费"原则，由排水单位和个人缴纳并专项用于城镇污水处理设施建设、运行和污泥处理处置的费用，确保污水在进入自然水环境之前得到适当的处理，以保护环境和公共健康。此项费用的征收旨在促使居民和企业意识到水资源的重要性，并鼓励他们采取措施减少污水排放和用水的浪费。同时，通过征收污水处理费，政府或相关机构也可以筹集资金来改善和维护污水处理设施，提高城市的环境质量。

本案是一起典型的企业不缴纳污水处理费的案件。案件的查处，做到了事实清楚、证据确凿、法律适用准确、量罚适当。结合执法实践，本案可以从以下三个角度进行把握、分析。

一是法治观念淡薄是水事违法行为发生的根源，这在上述案件中得以清晰显现。案中当事人之所以陷入违法境地，主要源于未能真正地敬畏法律，当事人前期能够按时缴纳污水处理费，但由于经营运转问题放松了警惕，欠缴了后续产生的污水处理费。这种缺乏法律知识的情况导致他们在办理手续时出现疏忽，没有意识到欠缴污水处理费会面临行政处罚的法律后果。这种情况在水行政执法工作中绝非偶然，在日常执法过程中具有普遍性。

二是普法宣传工作任重道远。一线执法工作往往直接接触并服务于普通的人民群众，这种工作的重点是保护公众的权益，同时让人民群众知法于心、守法于行。因此，在一线执法工作中，向民众普法宣传尤为重要。在本案中，在认定违法行为后面对当事人遇到的一些法律问题和疑虑，如怎样补缴费用、去哪里办理补缴手续，办理后怎样获取办理回执等，执法人员通过解释法条、分享实际案例等方式传递法律、法规和政策知识，让其更好地完成整改，避免违法行为。也让企业清楚自身也有社会责任，应当主动了解、遵守相关法规，履行水环境保护义务，推动社会可持续发展。

三是通过包容审慎柔性执法机制，对当事人作出不予行政处罚的决定。

在本案中，当事人积极配合执法部门的调查，提供真实、完整的信息，理解并认可了自身的违法行为，及时补缴了污水处理费，这体现了当事人对法律的尊重和合作态度。根据水务执法总队《关于在疫情期间加强包容审慎柔性执法的通知》和《北京水务领域轻微违法行为免罚清单》通知要求，对于违法行为轻微并及时改正，没有造成危害后果的，不予行政处罚。

第三章

水环境、水工程类水行政执法

典型案例

党的二十大报告指出，尊重自然、顺应自然、保护自然，是全面建设社会主义现代化国家的内在要求，明确提出统筹水资源、水环境、水生态治理，推动重要江河湖库生态保护治理。水环境和水工程的一体化保护和系统治理对北京市生态环境保护具有重要意义。本章通过"毁损堤防案""未经批准擅自在河道保护范围内挖坑开槽案""在河道范围内倾倒垃圾案"等案例，对《中华人民共和国防洪法》《中华人民共和国安全生产法》《中华人民共和国河道管理条例》《北京市河湖保护管理条例》等相关法律法规的准确适用进行评析。

📰 案例一 » 　　北京某工程建设有限公司毁损堤防案

【案件基本情况】

2022年1月11日，北京市水务局执法人员在检查中发现，北京某工程建设有限公司在永定河左堤路与京良路交叉口左堤处毁损永定河堤防。

立案后，执法人员进行了现场拍照取证，收集了相关证据材料，制作了"现场勘验笔录"和"询问笔录"。经查实，当事人存在在永定河左堤路与京良路交叉口左堤处毁损永定河堤防的行为。当事人的行为违反了《中华人民共和国防洪法》①第三十七条之规定，属于违法行为。当事人对违法事实认定无异议。

---

① 《中华人民共和国防洪法》于1997年8月29日第八届全国人民代表大会常务委员会第二十七次会议通过，根据2009年8月27日第十一届全国人民代表大会常务委员会第十次会议《关于修改部分法律的决定》第一次修正，根据2015年4月24日第十二届全国人民代表大会常务委员会第十四次会议《关于修改〈中华人民共和国港口法〉等七部法律的决定》第二次修正，根据2016年7月2日第十二届全国人民代表大会常务委员会第二十一次会议通过的《全国人民代表大会常务委员会关于修改〈中华人民共和国节约能源法〉等六部法律的决定》修正。

2022 年 1 月 28 日，执法人员向当事人送达了"责令限期改正通知书"。2022 年 2 月 23 日，经执法人员复查发现，当事人已按照要求进行整改，恢复了堤防原貌。同日，执法人员向当事人送达了"行政处罚事先告知书"，听取了当事人的陈述、申辩意见，制作了"陈述、申辩笔录"。

综合案件事实、情节及危害后果等因素，依据《中华人民共和国防洪法》第六十条之规定，北京市水务局对当事人作出了罚款 6000 元的行政处罚。

2022 年 3 月 16 日，执法人员向当事人送达了"北京市水务局行政处罚决定书"和"行政处罚缴款书"。2022 年 3 月 31 日，当事人到银行缴纳了罚款。此案执行完毕。

【法律依据】

《中华人民共和国防洪法》第三十七条："任何单位和个人不得破坏、侵占、毁损水库大坝、堤防、水闸、护岸、抽水站、排水渠系等防洪工程和水文、通信设施以及防汛备用的器材、物料等。"

《中华人民共和国防洪法》第六十条："违反本法规定，破坏、侵占、毁损堤防、水闸、护岸、抽水站、排水渠系等防洪工程和水文、通信设施以及防汛备用的器材、物料的，责令停止违法行为，采取补救措施，可以处五万元以下的罚款；造成损坏的，依法承担民事责任；应当给予治安管理处罚的，依照治安管理处罚法的规定处罚；构成犯罪的，依法追究刑事责任。"

【案件评析】

堤防是防洪、防潮、防浪的主要工程设施，具有防御洪水、保护居民和保障工农业生产等重要作用。毁损堤防将破坏堤防结构，当河道来水量增加、水位剧增时，被毁损的堤防就有可能出现决口，一旦出现决口，洪水的冲刷会将决口逐渐扩大，导致整个堤防被冲毁，将严重威胁周边人民群众生命和财产安全。

本案是一起施工期间毁损永定河堤防的案件。案件的查处，做到了事实清楚、证据确凿、法律适用准确、量罚适当，当事人在期限内缴纳了罚款，未在规定期限内申请行政复议或者提起行政诉讼。结合执法实践，本案可以从以下三个角度进行把握、分析。

一是适用法律准确。本案当事人在施工期间未履行保障永定河堤防安全的责任，致使堤防毁损，执法人员在检查中及时发现、及时立案查处。当事人的行为违反了《中华人民共和国防洪法》第三十七条之规定，事实清晰、定性准确。

二是量罚适当。依据《中华人民共和国防洪法》第六十条："违反本法规定，破坏、侵占、毁损堤防、水闸、护岸、抽水站、排水渠系等防洪工程和水文、通信设施以及防汛备用的器材、物料的，责令停止违法行为，采取补救措施，可以处5万元以下的罚款；造成损坏的，依法承担民事责任；应当给予治安管理处罚的，依照治安管理处罚法的规定处罚；构成犯罪的，依法追究刑事责任。"本案中当事人违法行为轻微，对永定河堤防毁损程度较小，影响轻微，执法人员本着"过罚相当"原则，参照《北京市常用水行政处罚裁量基准表》的规定，对当事人处6000元的行政罚款。

三是执法程序合法。执法人员在案件处理过程中责任明确、调查取证全面，程序合法，严格按照行政执法程序开展各项工作，依法履行当事人享有的陈述申辩权利。

永定河是北京的"母亲河"，从"无定"到"永定"，堤防的作用巨大，被毁损的堤防一旦出现决口，在无情的洪水冲刷下决口逐渐扩大，会导致整个堤防被冲毁，因此保护堤防安全事关重大。

案例二 » 北京某果木种植中心未经批准擅自在河道保护范围内挖坑开槽案

【案件基本情况】

2022 年 10 月 28 日，北京市水务局执法人员在检查中发现，北京某果木种植中心在北京市温榆河未来科学城大桥下游某处河道保护范围内未经批准擅自在河道保护范围内挖坑开槽。

立案后，执法人员进行了现场拍照取证，收集了相关证据材料，制作了"现场勘验笔录"和"询问笔录"。经查实，当事人在北京市温榆河未来科学城大桥下游某处河道保护范围内未经批准擅自在河道保护范围内挖坑开槽。当事人的行为违反了《北京市河湖保护管理条例》①第二十条第一款第（二）项之规定，属于违法行为。当事人对违法事实认定无异议。

2022 年 11 月 4 日，执法人员向当事人送达了"责令限期改正通知书"。同日，向当事人送达了"行政处罚事先告知书"，听取了当事人的陈述、申辩意见，制作了"陈述、申辩笔录"，当事人表示没有陈述和申辩意见。

2022 年 11 月 25 日，执法人员复查发现，当事人已停止施工，回填了坑槽，恢复了现场原状。

综合案件事实、情节及危害后果等因素，依据《北京市河湖保护管理条例》第三十九条第一款第（一）项之规定，北京市水务局对当事人作出

---

① 《北京市河湖保护管理条例》于 2012 年 7 月 27 日北京市第十三届人民代表大会常务委员会第三十四次会议通过，根据 2016 年 11 月 25 日北京市第十四届人民代表大会常务委员会第三十一次会议通过的《关于修改部分地方性法规的决定》修正，根据 2019 年 7 月 26 日北京市第十五届人民代表大会常务委员会第十四次会议通过的《关于修改〈北京市河湖保护管理条例〉〈北京市农业机械化促进条例〉等十一部地方性法规的决定》修正。

罚款 1 万元的行政处罚。2023 年 1 月 13 日，执法人员向当事人送达了"北京市水务局行政处罚决定书"和"北京市非税收入缴款通知单"。2023 年 1 月 13 日，当事人到银行缴纳了罚款。此案执行完毕。

【法律依据】

《北京市河湖保护管理条例》第二十条第一款："在河湖管理范围、保护范围内进行下列活动的，必须报经有管辖权的水行政主管部门批准；涉及其他部门的，按照有关规定执行：

（一）填湖、填河造地、明河改暗河；

（二）围河、挖筑鱼塘、挖坑开槽、勘探，或者设立线杆、线塔、无线通信塔、标识；

……"

《北京市河湖保护管理条例》第三十九条第一款："违反本条例第二十条规定，未经水行政主管部门批准，擅自在河湖管理范围、保护范围内从事以下活动的，由水行政主管部门按照管辖权限责令停止违法行为，限期补办行政许可手续，并按以下规定予以处罚；逾期未能取得行政许可手续的，责令限期恢复原状，赔偿损失或者采取补救措施。逾期不恢复原状的，按程序依法强制清除，所需费用由当事人承担：

（一）围河、挖筑鱼塘、挖坑开槽、勘探或者设立线杆、线塔、无线通信塔、标识，或者建设临时性建筑物、构筑物的，处 1 万元以上 5 万元以下的罚款；

……"

【案件评析】

水库工程的安全事关防洪安全、饮水安全、水库堤防安全，当事人未经批准在河湖管理范围内挖坑开槽，扰乱了水库管理秩序，对水库工程和水库安全等造成不利影响。

本案是一起未经批准擅自在河道保护范围挖坑开槽的案件。案件的查处，做到了事实清楚、证据确凿、法律适用准确、量罚适当，当事人在期限内缴纳了罚款，未在规定期限内申请行政复议或者提起行政诉讼。结合执法实践，本案可以从以下三个角度进行把握、分析。

一是适用法律准确。本案当事人未经批准擅自在河道保护范围内挖坑开槽，扰乱了水库管理秩序，对水库工程和水库安全等造成不利影响。执法人员在检查中及时发现、及时立案查处。当事人的行为违反了《北京市河湖保护管理条例》第二十条第一款第（二）项之规定，事实清晰、适用法律法规准确。

二是量罚适当。依据《北京市河湖保护管理条例》第三十九条第一款第（一）项："违反本条例第二十条规定，未经水行政主管部门批准，擅自在河湖管理范围、保护范围内从事以下活动的，由水行政主管部门按照管辖权限责令停止违法行为，限期补办行政许可手续，并按以下规定予以处罚；逾期未能取得行政许可手续的，责令限期恢复原状，赔偿损失或者采取补救措施。逾期不恢复原状的，按程序依法强制清除，所需费用由当事人承担：（一）围河、挖筑鱼塘、挖坑开槽、勘探或者设立线杆、线塔、无线通信塔、标识，或者建设临时性建筑物、构筑物的，处1万元以上5万元以下的罚款……"本案中执法人员本着"过罚相当"原则，参照《北京市常用水行政处罚裁量基准表》的规定，对当事人处1万元的行政罚款。

三是执法程序合法。执法人员在调查取证中的"现场勘验笔录""询问笔录""现场复查笔录"及现场照片等证据材料齐全，并且客观、真实、合法，严格按照行政执法程序开展各项工作，依法履行当事人享有的陈述、申辩权利。

维护河道管理秩序，保障水利工程的正常运行是每个单位和公民的义务。在此建议相关建设单位、施工单位，施工之前认真了解施工区域水利工程情况，认真学习水法律法规，掌握河湖管理范围的边界，切不可为了一时的"速度"而受到处罚，产生"欲速则不达"的后果。

📰 案例三 » 　　常某某在河道管理范围内倾倒垃圾案

【案件基本情况】

2022 年 8 月 11 日，北京市水务局执法人员在检查中发现，常某某在人民渠 101 铁路桥上游左岸某处河道管理范围内倾倒垃圾。

立案后，执法人员进行了现场拍照取证，收集了相关证据材料，制作了"现场勘验笔录"和"询问笔录"。经查实，当事人在人民渠 101 铁路桥上游左岸某处河道管理范围内使用渣土运输车倾倒建筑垃圾，距河道上开口 3.9 米，倾倒垃圾数量为 25 立方米。当事人的行为违反了《北京市河湖保护管理条例》第十九条第（三）项之规定，属于违法行为。当事人对违法事实认定无异议。

2022 年 8 月 11 日，向当事人送达了"责令限期改正通知书"。2022 年 8 月 12 日，执法人员复查发现，当事人已按要求进行了改正，将人民渠 101 铁路桥上游左岸某处河道管理范围内的垃圾清理完毕。2022 年 8 月 12 日，执法人员向当事人送达了"不予行政处罚事先告知书"，并听取了当事人的陈述、申辩，制作了"陈述、申辩笔录"。

综合案件事实、情节及危害后果等因素，依据《北京市河湖保护管理条例》第三十八条之规定，北京市水务局对当事人作出不予行政处罚的决定。2022 年 9 月 21 日，执法人员向当事人送达了"北京市水务局不予行政处罚决定书"。此案执行完毕。

【法律依据】

《北京市河湖保护管理条例》第十九条："在河湖管理范围内，禁止下列行为：

……

（三）倾倒垃圾和渣土、堆放非防汛物资；

……"

《北京市河湖保护管理条例》第三十八条："违反本条例第十九条规定，由水行政主管部门责令停止违法行为，排除阻碍或者采取其他补救措施，有第（一）项规定行为的，处 1 万元以上 5 万元以下罚款；有其他项规定行为的，可以处 5 万元以下罚款，有违法所得的，没收违法所得。"

《中华人民共和国行政处罚法》第三十三条第一款："违法行为轻微并及时改正，没有造成危害后果的，不予行政处罚。初次违法且危害后果轻微并及时改正的，可以不予行政处罚。"

【案件评析】

本案当事人经责令改正后，在规定时间内改正了违法行为，且未造成危害后果，行政机关依法作出了不予行政处罚的决定。

应当不予行政处罚的情形主要有以下几种。①《中华人民共和国行政处罚法》第三十条规定："不满十四周岁的未成年人有违法行为的，不予行政处罚，责令监护人加以管教。"②《中华人民共和国行政处罚法》第三十一条规定："精神病人、智力残疾人在不能辨认或者不能控制自己行为时有违法行为的，不予行政处罚，但应当责令其监护人严加看管和治疗。"③《中华人民共和国行政处罚法》第三十三条规定："违法行为轻微并及时改正，没有造成危害后果的，不予行政处罚。"本案符合第三种情形——违法行为轻微并及时改正，没有造成危害后果。

"违法行为轻微"，在本案中当事人倾倒垃圾数量为 25 立方米，数量较小，符合轻微的情节。

"及时改正"，关键是改正时间点的设置。在本案执法实践中"及时改正"体现为执法人员发现违法行为第二日当事人即改正，可以认定为及时改正。

"没有造成危害后果"，在本案中，当事人能够及时消除影响，未造成不良后果。

案例四 » 张某某在堤防存放物料案

【案件基本情况】

2022 年 3 月 4 日，北京市水务局执法人员在检查中发现，张某某在永定河左堤路与佟前路交叉口下游左岸某处堤防存放物料。

立案后，执法人员进行了现场拍照取证，收集了相关证据材料，制作了"证据材料登记表"。经查实，当事人在永定河左堤路与佟前路交叉口下游左岸 220 米处堤防存放物料。该行为违反了《中华人民共和国河道管理条例》①第二十四条第二款之规定，属于违法行为，当事人对违法事实认定无异议。

2022 年 3 月 4 日，执法人员当场责令当事人改正，当事人当场整改了违法行为。执法人员当场告知了当事人违反的法规、处罚依据及当事人享有的陈述、申辩权利，并听取了当事人的陈述、申辩。同日，综合案件事实、

---

① 《中华人民共和国河道管理条例》于 1988 年 6 月 10 日中华人民共和国国务院令第 3 号发布，根据 2011 年 1 月 8 日《国务院关于废止和修改部分行政法规的决定》第一次修订，根据 2017 年 3 月 1 日《国务院关于修改和废止部分行政法规的决定》第二次修订，根据 2017 年 10 月 7 日《国务院关于修改部分行政法规的决定》第三次修订，根据 2018 年 3 月 19 日《国务院关于修改和废止部分行政法规的决定》第四次修订。

情节及危害后果等因素，依据《中华人民共和国河道管理条例》第四十四条第（二）项之规定，北京市水务局对当事人作出警告的行政处罚。

2022 年 3 月 4 日，执法人员向当事人送达了"北京市水务局行政处罚决定书（当场处罚）"。此案执行完毕。

【法律依据】

《中华人民共和国河道管理条例》第二十四条第二款："在堤防和护堤地，禁止建房、放牧、开渠、打井、挖窖、葬坟、晒粮、存放物料、开采地下资源、进行考古发掘以及开展集市贸易活动。"

《中华人民共和国河道管理条例》第四十四条第（二）项："违反本条例规定，有下列行为之一的，县级以上地方人民政府河道主管机关除责令其纠正违法行为、采取补救措施外，可以并处警告、罚款、没收非法所得；对有关责任人员，由其所在单位或者上级主管机关给予行政处分；构成犯罪的，依法追究刑事责任：

……

（二）在堤防、护堤地建房、放牧、开渠、打井、挖窖、葬坟、晒粮、存放物料、开采地下资源、进行考古发掘以及开展集市贸易活动的；

……"

《中华人民共和国行政处罚法》第五十一条："违法事实确凿并有法定依据，对公民处以二百元以下、对法人或者其他组织处以三千元以下罚款或者警告的行政处罚的，可以当场作出行政处罚决定。法律另有规定的，从其规定。"

【案件评析】

未经水行政主管部门批准在河道管理范围内堆物，会对防洪安全造成隐患，轻则堆物阻塞防汛通道，给防汛抢险造成阻碍，若堆物重量超出河道堤防地坪的承载极限，将造成堤防损毁、河水倒灌等严重危害后果，危及人民群众的生命财产安全。

本案是一起简单的在河道管理范围内存放物料的案件，案件的查处，做到了事实清楚、证据确凿、法律适用准确、量罚适当，当事人未在规定期限内申请行政复议或者提起行政诉讼。结合执法实践，本案可以从以下两个角度进行把握、分析。

一是主体明确，适用法律正确。根据《中华人民共和国河道管理条例》第四十四条第（二）项的规定，在堤防、护堤地存放物料的，由县级以上地方人民政府河道主管机关除责令其纠正违法行为、采取补救措施外，可以并处警告、罚款、没收非法所得。本案中，执法人员对当事人警告的行政处罚虽然处罚力度较低，但其目的不在于罚，而是在于通过行政处罚树立法律的权威。

二是坚决查处，维护水环境。当事人擅自在河道堤防内存放物料，此行为在防汛期间容易造成较为严重的安全隐患。虽然在本案中只对当事人进行简易行政处罚，但如遇类似违法行为也要坚决严格处罚，维护好城市河湖水环境安全。

河道执法检查是水务综合执法职责之一。本案是一起成功处理的在河道管理范围内存放物料，影响河势稳定、危害河岸堤防安全的案件，既实现了对当事人违法行为的纠正，达到了良好的社会效果，也有效地保护了河道的生态环境，维护了法律的严肃性。

📠 **案例五 »** 　　中铁集团某公司建设妨碍河道行洪建筑物、构筑物案

【案件基本情况】

2020 年 7 月 8 日，北京市朝阳区水务局行政执法人员对位于北京市朝

阳区坝河驼房营闸下游某处的中铁集团某公司正在施工建设的某工程项目进行执法检查，发现该单位在坝河河道管理范围内建设妨碍行洪的建筑物、构筑物，从事妨碍河道行洪的行为，违反了《中华人民共和国水法》第三十七条第二款的规定。

2020 年 7 月 13 日，北京市朝阳区水务局对该公司进行初步调查。2020 年 7 月 18 日，依照法律程序向该公司下达了"责令改正违法行为通知书"，责令该单位于 2020 年 7 月 20 日 9 时前拆除违法建筑物、构筑物，恢复河道原状。2020 年 7 月 20 日 10 时 15 分，执法人员复查发现，该公司未对妨碍行洪的建筑物、构筑物进行拆除，未按照法律规定履行法定责任。

2020 年 8 月 3 日，北京市朝阳区水务局就该公司在河道管理范围内建设妨碍行洪的建筑物、构筑物，从事妨碍河道行洪逾期不拆除、不恢复原状的行为，依据《中华人民共和国水法》第六十五条第一款的规定对该单位进行了罚款 10 万元的高限处罚。该公司在规定的期限内缴纳了处罚款项，严格按照批复的规划建设方案进行施工，对妨碍河道行洪的建筑物、构筑物予以拆除并恢复河道原状。此案执行完毕。

【法律依据】

《中华人民共和国水法》第六十五条："在河道管理范围内建设妨碍行洪的建筑物、构筑物，或者从事影响河势稳定、危害河岸堤防安全和其他妨碍河道行洪的活动的，由县级以上人民政府水行政主管部门或者流域管理机构依据职权，责令停止违法行为，限期拆除违法建筑物、构筑物，恢复原状；逾期不拆除、不恢复原状的，强行拆除，所需费用由违法单位或者个人负担，并处一万元以上十万元以下的罚款。

未经水行政主管部门或者流域管理机构同意，擅自修建水工程，或者建设桥梁、码头和其他拦河、跨河、临河建筑物、构筑物，铺设跨河管道、电缆，且防洪法未作规定的，由县级以上人民政府水行政主管部门或者流域管理机构依据职权，责令停止违法行为，限期补办有关手续；逾期不补办或者补办未被批准的，责令限期拆除违法建筑物、构筑物；逾期不拆除的，强行拆除，所需费用由违法单位或者个人负担，并处一万元以上十万元以下的罚款。

虽经水行政主管部门或者流域管理机构同意，但未按照要求修建前款所列工程设施的，由县级以上人民政府水行政主管部门或者流域管理机构依据职权，责令限期改正，按照情节轻重，处一万元以上十万元以下的罚款。"

【案件评析】

对于重大工程项目，行政机关应做到积极配合、主动监管。行政执法人员在对该项目进行执法检查时发现，涉水段施工方位出现偏移妨碍河道行洪的重大隐患。问题一经发现且上报后，局领导高度重视，数次到该处勘验，并约谈当事人，争取最快速度解除隐患。结合执法实践，本案可以从以下三个角度进行把握、分析。

一是重点项目行业监管要做到依法履责。作为行政执法机构，代表国家行使行政职权，应当始终把使命放在首位，把职责扛在肩上，做到依法作为、主动作为、敢于作为。特别是对涉水重点建设项目、用水重点单位、重要排水户等的监管，做到一视同仁，该管必管。

二是领导机关的重视非常关键。案件在办理过程中，朝阳水务局的领导班子对此案高度重视，适逢"七下八上"主汛期，雨情不可测、不等人，一时的麻痹可能造成不可估量的灾害。朝阳区水务局的主要领导和领导班子其他成员实地勘验、主动约谈建设和施工单位两个负责人，就此违法行为可能出现的严重后果郑重交涉，督促其调动人力、物力加速进行整改。

三是处罚只是手段，安全才是目的。行政执法的终极目的是实现人的主动配合与事的规范运行，实现法人与自然人能够在法律的约束下最大限度作为。所以说，我们现阶段实施的行政处罚主要是把违法的成本扩大化，随着法治国家的意识普遍增强，行政相对人做事之前就会了解清楚，想明白、定规范，在法律法规的约束下处事作为，从而减免对国家、对民众可能造成的灾害。

📰 **案例六 »** 北京某工程有限公司工程施工作业人员佩戴的安全帽不合格案

【案件基本情况】

2022 年 9 月 5 日，北京市房山区水务局执法人员在检查中发现，北京某工程有限公司在房山区长阳镇公议庄村某工程施工作业人员佩戴的安全帽不合格，其行为违反了《中华人民共和国安全生产法》[①]第四十五条之规定。

立案后，执法人员进行了现场拍照取证，收集了相关证据材料，制作了"现场勘查笔录"和"询问笔录"，并于当日对其下发了"责令停止违法行为通知书"和"责令限期改正通知书"，责令其限期为从业人员提供符合标准的防护用品。北京某工程有限公司已在规定期限内按照通知书中的内容进行改正，为从业人员提供符合国家标准或者行业标准的劳动防护用品，并监督、教育从业人员按照使用规则佩戴、使用。

---

① 《中华人民共和国安全生产法》于 2002 年 6 月 29 日第九届全国人民代表大会常务委员会第二十八次会议通过，根据 2009 年 8 月 27 日第十一届全国人民代表大会常务委员会第十次会议《关于修改部分法律的决定》第一次修正，根据 2014 年 8 月 31 日第十二届全国人民代表大会常务委员会第十次会议《关于修改〈中华人民共和国安全生产法〉的决定》第二次修正，根据 2021 年 6 月 10 日第十三届全国人民代表大会常务委员会第二十九次会议《关于修改〈中华人民共和国安全生产法〉的决定》第三次修正。

房山区水务局执法人员于 2022 年 9 月 8 日对其送达了"行政处罚事先告知书"，告知其享有的权利，在规定期限内当事人未提出进一步陈述、申辩意见。

综合案件事实、情节及危害后果等因素，依据《中华人民共和国安全生产法》第九十九条第一款第（五）项，房山区水务局对当事人作出罚款 3 万元的行政处罚。2022 年 9 月 19 日，执法人员向当事人送达了"行政处罚决定书"和"北京市非税收入缴款通知书"。当事人已在规定的期限内缴纳罚款。此案执行完毕。

【法律依据】

《中华人民共和国安全生产法》第四十五条："生产经营单位必须为从业人员提供符合国家标准或者行业标准的劳动防护用品，并监督、教育从业人员按照使用规则佩戴、使用。"

《中华人民共和国安全生产法》第九十九条："生产经营单位有下列行为之一的，责令限期改正，处五万元以下的罚款；逾期未改正的，处五万元以上二十万元以下的罚款，对其直接负责的主管人员和其他直接责任人员处一万元以上二万元以下的罚款；情节严重的，责令停产停业整顿；构成犯罪的，依照刑法有关规定追究刑事责任：

......

（五）未为从业人员提供符合国家标准或者行业标准的劳动防护用品的；

......"

【案件评析】

安全生产工作应当以人为本，坚持人民至上、生命至上，把保护人民生命安全摆在首位，树牢安全发展理念，坚持安全第一、预防为主、综合治理的方针，从源头上防范化解重大安全风险。生产经营单位的从业人员有依法获得安全生产保障的权利，并应当依法履行安全生产方面的义务。根据《中华人民共和国安全生产法》的规定，生产经营单位必须为从业人员提供符合国家标准或者行业标准的劳动防护用品，并监督、教育从业人员按照使用规则佩戴、使用。

案例七 » 北京某建设工程有限公司未给从业人员提供符合国家标准或行业标准的劳动防护用品案

【案件基本情况】

2022 年 8 月 12 日，北京市丰台区水务局执法人员对位于北京市丰台区赵辛店村河西地区农村污水治理工程的施工现场进行执法检查，发现现场作业单位北京某建设工程有限公司的施工人员中有两名工人安全帽已经过期。

执法人员进行了现场拍照取证，收集了相关证据材料，制作了"现场检查笔录"、"现场勘验笔录"和"询问笔录"。经调查确认，北京某建设工程有限公司未给从业人员提供符合国家标准或行业标准的劳动防护用品的行为，违反了《中华人民共和国安全生产法》第四十五条之规定，属于违法行为。当事人对违法事实认定无异议。

2022 年 8 月 16 日，执法人员向当事人送达了"责令限期改正通知书"，要求北京某建设工程有限公司为从业人员提供符合国家标准或行业标准的劳动防护用品。2022 年 8 月 18 日，执法人员对该公司进行了复查，现场提供了符合国家标准或行业标准的劳动防护用品。2022 年 8 月 19 日，执法人员向当事人送达了"行政处罚事先告知书"，在限定期限内，当事人未提出其他申辩、陈述意见。

综合案件事实、情节及危害后果等因素，依据《中华人民共和国安全生产法》第九十九条第一款第（五）项的规定，2022 年 8 月 29 日，北京市丰台区水务局对北京某建设工程有限公司作出罚款 5000 元的行政处罚。2022 年 12 月 29 日，执法人员向当事人送达了"北京市水务局行政处罚决定书"和"行政处罚缴款书"。当事人在收到行政处罚决定书后，在规定的缴纳期限内缴纳了罚款，此案执行完毕。

【法律依据】

《中华人民共和国安全生产法》第四十五条："生产经营单位必须为从业人员提供符合国家标准或者行业标准的劳动防护用品，并监督、教育从业人员按照使用规则佩戴、使用。"

《中华人民共和国安全生产法》第九十九条："生产经营单位有下列行为之一的，责令限期改正，处五万元以下的罚款；逾期未改正的，处五万元以上二十万元以下的罚款，对其直接负责的主管人员和其他直接责任人员处一万元以上二万元以下的罚款；情节严重的，责令停产停业整顿；构成犯罪的，依照刑法有关规定追究刑事责任：

……

（五）未为从业人员提供符合国家标准或者行业标准的劳动防护用品的；

……"

【案件评析】

本案是一起简单的生产经营单位未给从业人员提供符合国家标准或者行业标准的劳动防护用品的案件。案件的查处，做到了事实清楚、证据确凿、法律适用准确、量罚适当。当事人在责令整改时限内完成了整改，在期限内缴纳了罚款。结合执法实践，安全无小事，未给从业人员提供符合国家标准或者行业标准的劳动防护用品的行为，存在的安全隐患危害非常大，生产经营单位要强化自身的主体责任，全面落实《中华人民共和国安全生产法》的规定。同时，执法人员也要加大监督检查的力度，发现一起查处一起，绝不姑息。

案例八 » 某公司在水利工程施工中使用不合格建筑材料案

【案件基本情况】

2023 年 2 月 23 日，北京市海淀区水务局执法人员现场检查时发现，某公司在北京市海淀区某地进行农村供排水工程施工，排水施工所用主要材料聚乙烯双壁波纹管外观有破损且没有正规的产品标识，检查时已施工使用 240 米左右。执法人员委托第三方检测公司现场对规格为 DN300、DN400、DN500 的聚乙烯双壁波纹管进行取样检测。2023 年 2 月 27 日，第三方检测公司将管材检测报告送到北京市海淀区水务综合执法队，管材检测报告显示，排水施工所用的 3 种规格的聚乙烯双壁波纹管均不满足此工程项目所要求的《埋地用聚乙烯（PE）结构壁管道系统 第一部分：聚乙烯双壁波纹管材》（GB/T 19472.1—2019）的设计标准。此行为涉嫌违反了《北京市建设工程质量条例》①第十一条的规定。北京市海淀区水务综合执法队根据以上检查结果向北京市海淀区水务局申请立案，于 2023 年 2 月 27 日获批。

立案后，执法人员对当事人进行了询问，并制作了笔录。经查实，当事人在某地进行农村供排水工程施工时，排水施工所用的 3 种规格的聚乙烯双壁波纹管均不符合此工程项目所要求的《埋地用聚乙烯（PE）结构壁

① 《北京市建设工程质量条例》于 2015 年 9 月 25 日北京市第十四届人民代表大会常务委员会第二十一次会议通过，2015 年 9 月 25 日公布，自 2016 年 1 月 1 日起施行。

管道系统　第一部分：聚乙烯双壁波纹管材》（GB/T 19472.1—2019）的设计标准。当事人的行为违反了《北京市建设工程质量条例》第十一条的规定，属于违法行为。当事人对违法事实认定无异议。

2023 年 3 月 13 日，北京市海淀区水务局分别向该公司和该水利工程项目直接负责人员送达了"行政处罚事先告知书"和"听证告知书"。2023 年 3 月 17 日，该公司和该水利工程项目直接负责人员提交了情况说明及听证申请，情况说明中体现当事人已经将未使用的不合格的聚乙烯双壁波纹管进行了退场处理，同时，将已埋设的聚乙烯双壁波纹管进行了更换。2023 年 3 月 28 日，北京市海淀区水务局作出听证公告并公示，同日分别向该公司和该水利工程项目直接负责人员送达了"听证通知书"，告知该公司和该水利工程项目直接负责人员听证时间、地点及注意事项。2023 年 4 月 6 日，执法人员就当事人提及的整改情况分别向建设单位、监理单位、北京市海淀区水利工程质量监督站进行了核实，确认当事人确已完成不合格材料的更换工作。2023 年 4 月 10 日，北京市海淀区水务局就该案举行了听证会，并制作了听证笔录和听证报告。考虑当事人积极整改的情节，按照《中华人民共和国行政处罚法》第三十二条第（一）项规定，依据《北京市建设工程质量条例》第七十五条第一款，北京市海淀区水务局于 2023 年 5 月 8 日向该公司和该水利工程项目直接负责人员第二次作出了"行政处罚事先告知书"和"听证告知书"，并于 2023 年 5 月 10 日分别向该公司和该水利工程项目直接负责人员送达了"行政处罚事先告知书"和"听证告知书"。2023 年 5 月 16 日，该公司和该水利工程项目直接负责人员分别提出第二次听证申请。2023 年 5 月 23 日，北京市海淀区水务局第二次分别向该公司和该水利工程项目直接负责人员送达了"听证通知书"，并于 2023 年 6 月 6 日举行了第二次听证，制作了听证笔录，出具了听证报告。

综合案件事实、情节及危害后果等因素，依据《北京市建设工程质量条例》第七十五条第一款和第一百零二条规定，以及《北京市水行政处罚程序若干规定》第二十一条第一款第（四）项的要求，经北京市海淀区水务局领导班子集体讨论决定，给予该公司 160 万余元的行政处罚，给予项目直接负责人员 8 万余元的行政处罚。北京市海淀区水务局于 2023 年 6 月 28 日向该公司和该水利工程项目直接负责人员分别送达了"北京市水务局行政处罚决定书"和"行政处罚缴款书"。2023 年 7 月 11 日，该公司和该水利工程项目直接负责人员到银行缴纳了罚款。此案执行完毕。

【法律依据】

《北京市建设工程质量条例》第十一条："施工单位对建设工程施工质量负责。施工单位应当按照工程建设标准、施工图设计文件施工，使用合格的建筑材料、建筑构配件和设备，不得偷工减料，加强施工安全管理，实行绿色施工。"

《北京市建设工程质量条例》第七十五条："违反本条例第十一条规定，施工单位在施工中偷工减料，使用不合格建筑材料、建筑构配件和设备，或者有不按照施工图设计文件或者施工技术标准施工的，由住房城乡建设或者专业工程行政主管部门责令改正，处工程合同价款百分之二以上百分之四以下的罚款；情节严重的，责令停业整顿，降低资质等级或者吊销资质证书。

前款所称工程合同价款是指违法行为直接涉及或者可能影响的分项工程、单位工程或者建设工程合同价款。"

《北京市建设工程质量条例》第一百零二条："依照本条例规定，给予单位罚款处罚的，对单位直接负责的主管人员和其他直接责任人员处单位罚款数额百分之五以上百分之十以下的罚款。建设、勘察、设计、施工、监理单位项目负责人和注册执业人员因过错造成涉及结构安全、主要使用功能等重大质量问题的，二年以内不得担任项目负责人。"

《中华人民共和国行政处罚法》第三十二条："当事人有下列情形之一，应当从轻或者减轻行政处罚：

（一）主动消除或者减轻违法行为危害后果的；

……

（五）法律、法规、规章规定其他应当从轻或减轻行政处罚的。"

【案件评析】

百年大计，质量第一。水利工程作为国民经济和社会发展的重要基础设施，尤其是农村污水收集处理工程，质量是永恒的主题和核心，事关战略全局与人民福祉，事关北京市水生态环境安全。北京市委、市政府将加快水利基础设施建设作为保障首都水安全的重要举措，强力推动实施了一大批水利工程。结合执法实践，本案可以从以下三个角度进行把握、分析。

一是项目建设过程中如果不按图纸施工、偷工减料、使用不合格材料，会降低水利工程的使用功能，造成污水不能正常收集处理，影响工程安全，甚至影响土壤及地下水安全，必须予以严厉打击。

二是充分保障当事人合法权利。本案中，行政机关充分保障了当事人合法权利，履行了行政处罚事项告知、听证程序，依据当事人的请求，举行了两次听证会。

三是推动优化营商环境，全面了解掌握案件情况，针对当事人积极改正的行为，认真落实《中华人民共和国行政处罚法》的相关要求，对当事人给予从轻行政处罚。

该案是北京市海淀区水务局首例水利工程施工中使用不合格建筑材料案，也是对施工单位和施工单位直接负责人员"双罚"的第一案，典型示范意义重大。

案例九 » 北京某设备有限公司吊装作业过程中未安排专门管理
现场安全人员案

【案件基本情况】

2022年9月26日，北京市门头沟区水务综合执法队执法人员在日常检查中发现，北京某设备有限公司在门头沟区王平镇永定河山峡段综合治理与生态修复工程10kV电力迁改工程吊装过程中发生伤人情况，当日进行立案，上述事实有现场照片、询问笔录等证据佐证。

经调查了解，发生伤人事件是因为现场施工人员在吊装作业过程中，未安排专门管理现场安全人员造成的。该行为违反了《中华人民共和国安全生产法》第四十三条之规定，属于违法行为。根据《中华人民共和国安全生产法》第一百零一条第一款第（三）项之规定，责令当事人停止违法行为，并拟处罚款。

2022年10月25日，执法人员向当事人下达了"行政处罚事先告知书"，告知当事人有陈述、申辩、要求听证的权利。当事人在法定时间内未提出陈述、申辩、要求听证的意见。2022年11月7日，门头沟区水务局向当事人送达了"行政处罚决定书"，对当事人处1万元罚款。当事人在法定时间内缴纳了罚款。此案执行完毕。

【法律依据】

《中华人民共和国安全生产法》第四十三条："生产经营单位进行爆破、吊装、动火、临时用电以及国务院应急管理部门会同国务院有关部门规定的其他危险作业，应当安排专门人员进行现场安全管理，确保操作规程的遵守和安全措施的落实。"

《中华人民共和国安全生产法》第一百零一条："生产经营单位有下

列行为之一的，责令限期改正，处十万元以下的罚款；逾期未改正的，责令停产停业整顿，并处十万元以上二十万元以下的罚款，对其直接负责的主管人员和其他直接责任人员处二万元以上五万元以下的罚款；构成犯罪的，依照刑法有关规定追究刑事责任：

……

（三）进行爆破、吊装、动火、临时用电以及国务院应急管理部门会同国务院有关部门规定的其他危险作业，未安排专门人员进行现场安全管理的；

……

（五）未建立事故隐患排查治理制度，或者重大事故隐患排查治理情况未按照规定报告的。"

【案件评析】

本案是一起典型的在水利工程项目施工过程中，因当事人在吊装作业过程中未安排专门人员进行现场安全管理造成人员受伤的案件。执法人员在查处此案的过程中，注重违法证据的收集，严肃查处违法行为。结合执法实践，本案可以从以下两个角度进行把握、分析。

一是依法行政，程序适当。在查办案件过程中，执法人员严格按照法定程序进行执法，适用法律正确，证据确凿充分，程序合法、充分保护当事人的合法权益。首先，本行政处罚案件由两名具有行政执法资格的执法人员实施。其次，在作出行政处罚决定之前，执法人员书面告知当事人拟作出的行政处罚——罚款1万元及事实、理由、依据，并告知当事人依法享有陈述、申辩、要求听证等权利。最后，在纠正当事人违法行为进行行政处罚的同时展开普法宣传，坚持处罚与教育相结合，教育当事人应严格遵守《中华人民共和国安全生产法》相关内容，避免再次造成人员受伤和死亡。

二是在调查取证的过程中，依法依规，文明执法。首先，执法人员在询问当事人的过程中对于违法行为发生的时间、地点、人员受伤情况、原因等内容进行详细的询问并经当事人确认。其次，针对现场情况进行勘验，制作"现场勘验笔录"并经当事人确认。执法人员根据证据、情节及危害后果等对当事人的违法行为进行定性和责任认定。当事人的违法行为违反了《中华人民共和国安全生产法》第四十三条的规定，应按照《中华人民共和国安全生产法》第一百零一条第（三）项的规定对当事人进行罚款的行政处罚。证据确凿充分，适用法律正确，处理适当。

📰 案例十 » 河北省某有限公司未在有较大危险因素的生产经营场所设置明显的安全警示标志案

【案件基本情况】

2022 年 8 月 10 日，北京市密云区水务局执法人员收到案件线索：河北省某有限公司在位于密云区巨各庄镇前厂村东北侧的 2021 年密云区京津风沙源小流域综合治理工程施工时，未在有较大危险因素的生产经营场所设置明显的安全警示标志。此行为涉嫌违反了《中华人民共和国安全生产法》第三十五条的规定，密云区水务局于当日对河北省某有限公司的上述行为进行立案调查。

2022 年 8 月 11 日，执法人员 2021 年密云区京津风沙源小流域综合治理工程施工现场进行检查，进行了现场拍照取证，收集了相关证据材料，制作了"现场检查笔录"和"现场勘验笔录"。8 月 22 日，执法人员制作了"询问笔录"，并向当事人送达了"责令限期改正通知书"。经查实，当事人在施工过程中，未在施工现场入口处及有较大危险因素的场所设置明显的安全警示标志。当事人的行为违反了《中华人民共和国安全生产法》

第三十五条的规定，属于违法行为。当事人对违法事实认定无异议。

2022年8月26日，执法人员复查发现，当事人已按要求进行了改正，在施工现场入口处及有较大危险因素的场所设置了明显的安全警示标志。同日，执法人员向当事人送达了"行政处罚事先告知书"，告知当事人依法享有陈述、申辩权利。当事人逾期未提出陈述、申辩意见。

2022年9月6日，北京市密云区水务局综合案件事实、情节及危害后果等因素，依据《中华人民共和国安全生产法》第九十九条第（一）项的规定，对当事人作出罚款1万元的行政处罚。执法人员于当日向当事人送达了"北京市水务局行政处罚决定书"和"行政处罚缴款书"。2022年9月21日，当事人到指定银行缴纳罚款。此案执行完毕。

【法律依据】

《中华人民共和国安全生产法》第三十五条："生产经营单位应当在有较大危险因素的生产经营场所和有关设施、设备上，设置明显的安全警示标志。"

《中华人民共和国安全生产法》第九十九条："生产经营单位有下列行为之一的，责令限期改正，处五万元以下的罚款；逾期未改正的，处五万元以上二十万元以下的罚款，对其直接负责的主管人员和其他直接责任人员处一万元以上二万元以下的罚款；情节严重的，责令停产停业整顿；构成犯罪的，依照刑法有关规定追究刑事责任：

（一）未在有较大危险因素的生产经营场所和有关设施、设备上设置明显的安全警示标志的；

……"

【案件评析】

　　生产经营单位应当在有较大危险因素的生产经营场所和有关设施、设备上，设置明显的安全警示标志，是对劳动者知情权的保障，有利于增强劳动者的安全生产意识，防止和减少生产安全事故的发生。安全警示标志应当设置在醒目位置，一目了然；而且警示标志不能模糊不清，必须易于辨认，让每一个在该场所从事生产经营活动的劳动者或者该设施、设备的使用者，都能够清楚地看到。这样，才能真正起到警示作用。

　　本案是一起简单的生产经营单位未在有较大危险因素的生产经营场所入口和有关设施、设备上，设置明显的安全警示标志案件。案件的查处，做到了事实清楚、证据确凿、法律适用准确、量罚适当。当事人在限期内未提出陈述、申辩意见，在期限内缴纳了罚款，未在规定期限内申请行政复议或者提起行政诉讼。结合执法实践，本案可以从以下三个角度进行把握、分析。

　　一是全面落实安全生产监督执法理念。本案是一起典型的违反安全生产规定的案例，整个办案过程充分体现了管行业必须管安全、管业务必须管安全、管生产经营必须管安全的安全生产监督执法理念，强化和落实了生产经营单位主体责任。案件的办理，对水务工程施工过程存在的安全措施落实不到位的行为，产生了有效的震慑力度。

　　二是督促生产经营单位进一步落实全体人员安全责任。《中华人民共和国安全生产法》规定，"生产经营单位必须遵守本法和其他有关安全生产的法律、法规，加强安全生产管理，建立健全全员安全生产责任制和安全生产规章制度，加大对安全生产资金、物资、技术、人员的投入保障力度，改善安全生产条件，加强安全生产标准化、信息化建设，构建安全风险分级管控和隐患排查治理双重预防机制，健全风险防范化解机制，提高安全生产水平，确保安全生产"。安全生产关系到人民群众的生命健康和财产安全，是必须严格守住的红线和底线，在安全生产工作中，生产经营单位的安全管理是内因、是关键，要承担起主体责任，实实在在地抓实安全生产，不能仅仅停留在嘴上，更要落实到具体工作之中。本案中对于当事人漠视安全生产责任制的行为，行政机关对其作出了相应的处罚，当事人承担了相应的法律责任。

三是依法依规充分保障当事人合法权利。本案中，行政机关充分保障了当事人合法权利，如履行了行政处罚事项告知程序，明确告知了当事人行政复议、行政诉讼等救济途径等。同时考虑到新冠疫情对当事人生产经营造成的影响，根据《关于在疫情期间加强包容审慎柔性执法的通知》的规定，对当事人予以相应处罚，既充分地保障当事人合法权益，也体现行政执法的"温度"。

综上，安全生产无小事。生产经营单位要强化自身的安全生产主体责任，全面落实《中华人民共和国安全生产法》全体人员安全责任制的规定。同时，执法人员也要加大监督检查的力度，发现一起查处一起，绝不姑息。

📰 案例十一 » 北京某有限公司未能保证安全生产所必需的资金投入案

【案件基本情况】

2022 年 7 月 8 日，北京市水务局执法人员在检查中发现，北京某有限公司在北京市丰台区凉水河水环境保障项目及平原造林林木养护项目某标段，未能保证安全生产所必需的资金投入。

立案后，执法人员进行了现场拍照取证，收集了相关证据材料，制作了"现场勘验笔录"和"询问笔录"。经查实，当事人在北京市丰台区凉水河水环境保障项目及平原造林林木养护项目某标段，未能提供采购安全防护用品的证明材料，未保证安全生产所必需的资金投入，不具备安全生产条件。当事人的行为违反了《中华人民共和国安全生产法》第二十三条第一款之规定，属于违法行为。当事人对违法事实认定无异议。

2022年7月11日，执法人员向当事人送达了"责令限期改正通知书"。2022年7月21日，执法人员复查发现，当事人已按要求进行了改正，提供了采购安全防护用品的证明材料，保证安全生产所必需的资金投入，具备安全生产条件。同日，执法人员向当事人送达了"不予行政处罚事先告知书"，并听取了当事人的陈述、申辩，制作了"陈述、申辩笔录"。

综合案件事实、情节及危害后果等因素，依据《中华人民共和国安全生产法》第九十三条第一款、《中华人民共和国行政处罚法》第三十三条第一款之规定，北京市水务局对当事人作出不予行政处罚的决定。2022年9月27日，执法人员向当事人送达了"北京市水务局不予行政处罚决定书"。此案执行完毕。

【法律依据】

《中华人民共和国安全生产法》第二十三条第一款："生产经营单位应当具备的安全生产条件所必需的资金投入，由生产经营单位的决策机构、主要负责人或者个人经营的投资人予以保证，并对由于安全生产所必需的资金投入不足导致的后果承担责任。"

《中华人民共和国安全生产法》第九十三条第一款："生产经营单位的决策机构、主要负责人或者个人经营的投资人不依照本法规定保证安全生产所必需的资金投入，致使生产经营单位不具备安全生产条件的，责令限期改正，提供必需的资金；逾期未改正的，责令生产经营单位停产停业整顿。"

《中华人民共和国行政处罚法》第三十三条第一款："违法行为轻微并及时改正，没有造成危害后果的，不予行政处罚。初次违法且危害后果轻微并及时改正的，可以不予行政处罚。"

【案件评析】

《中华人民共和国安全生产法》第九十三条第一款中所谓"致使生产经营单位不具备安全生产条件的"，是指因保证安全生产所必需的资金投入不足，使生产经营单位在设施、设备等物质条件，安全生产管理机构设置、人员配备，以及从业人员安全生产教育和培训等管理方面不符合法律、行政法规和有关国家标准或者行业标准规定的安全生产条件。

本案中的当事人未能提供采购安全防护用品的证明材料，也未能保证安全生产所必需的资金投入，致使生产经营单位不具备安全生产条件，对安全施工造成安全隐患，易导致施工人员伤亡。案件的查处，做到了事实清楚、证据确凿、法律适用准确、量罚适当。当事人未在规定期限内申请行政复议或者提起行政诉讼。结合执法实践，本案可以从以下两个角度进行把握、分析。

一是严厉打击安全生产违法行为，做到防患于未然。《中华人民共和国安全生产法》第二十三条第一款规定，生产经营单位应当具备的安全生产条件所必需的资金投入，由生产经营单位的决策机构、主要负责人或者个人经营的投资人予以保证，并对由于安全生产所必需的资金投入不足导致的后果承担责任。本案中的当事人未能提供采购安全防护用品的证明材料，致使现场施工人员处于危险之中，易造成人身伤亡。这说明一些企业负责人、职员在生产经营过程中的安全意识不够强，怀着侥幸心理，认为小心一点就不会发生事故，但因施工现场诸多不确定因素叠加，易发生危险。北京市水务综合执法总队对这种安全生产违法行为及时进行了查处，及时消除了隐患，做到了防患于未然。

二是履行行业监管职责，督促企业落实安全生产主体责任。在本案的查处过程中，执法人员及时对企业负责人进行了约谈，要求企业负责人要认真落实安全生产主体责任，要带头加强安全生产相关法律法规的学习，要组织制定完善安全生产规章制度和安全操作规程；加强对从业人员的安全教育培训；加强施工现场的安全管理，及时发现并消除事故隐患，严格执行生产安全事故报告规定，确保安全主体责任落实到位，为水务工程的安全打下坚实的基础。

《中华人民共和国安全生产法》要求生产经营单位必须具备相应的安全生产条件，才能从事生产工作，这是一条绝对不能逾越的底线。生产经营单位要具备安全生产条件，特别是持续具备安全生产条件，必须有相应的资金投入，由生产经营单位的决策机构、主要负责人或者个人经营的投资人予以保证，这是安全生产的前提和基础。

📰 **案例十二》** 北京某园林绿化有限公司未按照国家有关规定在施工现场配备灭火器材案

【案件基本情况】

2023 年 5 月 6 日，北京市水务局执法人员在检查中发现，北京某园林绿化有限公司在北京市门头沟区永定河山峡段综合治理与生态修复工程施工某标段施工现场未按照国家有关规定在施工现场配备灭火器材。

立案后，执法人员进行了现场拍照取证，收集了相关证据材料，制作了"现场勘验笔录"和"询问笔录"。经查实，当事人在北京市门头沟区永定河山峡段综合治理与生态修复工程施工某标段施工现场未按照国家有关规定在施工现场配备灭火器材的行为违反了《建设工程安全生产管理条例》①第三十一条之规定，属于违法行为。当事人对违法事实认定无异议。

---

① 《建设工程安全生产管理条例》于 2003 年 11 月 12 日中华人民共和国国务院第 28 次常务会议通过，2003 年 11 月 24 日中华人民共和国国务院令第 393 号公布，自 2004 年 2 月 1 日起施行。

2023年5月9日，执法人员向当事人送达了"责令限期改正通知书"。2023年5月11日，执法人员复查发现，当事人已按要求进行改正，在施工现场配备了灭火器材。同日，执法人员向当事人送达了"不予行政处罚事先告知书"，听取了当事人陈述、申辩意见，制作了"陈述、申辩笔录"。

综合案件事实、情节及危害后果等因素，依据《中华人民共和国行政处罚法》第三十三条第一款之规定，北京市水务局对当事人作出不予行政处罚的决定。2023年6月26日，执法人员向当事人送达了"北京市水务局不予行政处罚决定书"。此案执行完毕。

【法律依据】

《建设工程安全生产管理条例》第三十一条："施工单位应当在施工现场建立消防安全责任制度，确定消防安全责任人，制定用火、用电、使用易燃易爆材料等各项消防安全管理制度和操作规程，设置消防通道、消防水源，配备消防设施和灭火器材，并在施工现场入口处设置明显标志。"

《中华人民共和国行政处罚法》第三十三条第一款："违法行为轻微并及时改正，没有造成危害后果的，不予行政处罚。初次违法且危害后果轻微并及时改正的，可以不予行政处罚。"

【案件评析】

本案是一起在施工现场未按照国家有关规定在施工现场配备灭火器材的案件。案件的查处，做到了事实清楚、证据确凿、法律适用准确、量罚适当。当事人未在规定期限内申请行政复议或者提起行政诉讼。结合执法实践，本案可以从以下两个角度进行把握、分析。

一是适用法律准确，严厉打击安全生产违法行为。依据《建设工程安全生产管理条例》第三十一条规定，施工单位应当在施工现场建立消防安全责任制度，确定消防安全责任人，制定用火、用电、使用易燃易爆材料等各项消防安全管理制度和操作规程，设置消防通道、消防水源，配备消防设施和灭火器材，并在施工现场入口处设置明显标志。当事人在施工现场未按照国家有关规定配备灭火器材，致使施工现场及施工人员处于严重安全生产隐患之中，一旦发生火情，后果不堪设想。究其原因，仍是一些企业的负责人、现场安全技术人员及施工人员安全生产意识淡薄，怀有侥幸心理。同时，消防管理存在薄弱环节，未严格落实相关法律法规要求，分解各级各部门各单位消防安全责任，未完善消防基础设施建设，确保人防、物防、技防措施的全面落实。执法人员要严守"安全第一"安全生产原则，对检查暴露的隐患绝不姑息，发现一起，查处一起。

二是"执法＋普法"相结合，人性化执法显成效。本案中，执法人员对当事人的违法行为不只是一罚了之，更是落实总队"执法＋普法"机制，对当事人耐心讲解相关法律法规，让当事人认识到此行为的危险性。当事人在执法人员指出施工现场未按照国家有关规定在施工现场配备灭火器材的安全隐患问题之后，态度积极诚恳，立即改正违法行为，消除了安全隐患。鉴于当事人违法行为轻微并及时改正，没有造成危害后果的，执法人员依程序对当事人作出不予行政处罚的决定，体现"以人为本"的人性化执法。

安全生产无小事。消防安全对于生产经营单位来讲是重中之重，更是安全生产的有力保障，生产经营单位要强化自身的主体责任，全面落实《中华人民共和国安全生产法》安全责任制的规定。

案例十三 » 北京某建筑有限公司将承包的工程转包案

【案件基本情况】

2023年1月6日，北京市水务局执法人员在检查中发现，北京某建筑有限公司将承包的在北京市房山区永定河永立桥下游某处的工程转包给个人。

立案后，执法人员进行了现场拍照取证，收集了相关证据材料，制作了"现场勘验笔录"和"询问笔录"。经查实，当事人存在将承包的工程转包的行为。当事人的行为违反了《建设工程质量管理条例》①第二十五条第三款之规定，属于违法行为。当事人对违法事实认定无异议。

2023年1月12日，执法人员向当事人送达了"责令限期改正通知书"。2023年2月17日，执法人员复查发现，北京某建筑有限公司已按照"责令限期改正通知书"的内容进行改正，停止将承包工程转包。同日，执法人员向当事人和法人分别送达了"行政处罚事先告知书"，分别听取了当事人和法人的陈述、申辩意见，分别制作了"陈述、申辩笔录"。

综合案件事实、情节及危害后果等因素，依据《建设工程质量管理条例》第六十二条第一款之规定，北京市水务局对当事人作出罚款1.75万元的行政处罚；依据《建设工程质量管理条例》第七十三条之规定，对该公司法定代表人作出罚款875元的行政处罚。2023年4月7日，执法人员向当事人和法人分别送达了"北京市水务局行政处罚决定书"和"行政处罚缴款书"。当事人在收到行政处罚决定书后，于2023年4月14日缴纳了所有罚款。此案执行完毕。

【法律依据】

《建设工程质量管理条例》第二十五条："施工单位应当依法取得相应等级的资质证书，并在其资质等级许可的范围内承揽工程。

禁止施工单位超越本单位资质等级许可的业务范围或者以其他施工单

---

① 《建设工程质量管理条例》于2000年1月30日中华人民共和国国务院令第279号发布，根据2017年10月7日《国务院关于修改部分行政法规的决定》第一次修订，根据2019年4月23日《国务院关于修改部分行政法规的决定》第二次修订。

位的名义承揽工程。禁止施工单位允许其他单位或者个人以本单位的名义承揽工程。

施工单位不得转包或者违法分包工程。"

《建设工程质量管理条例》第六十二条第一款："违反本条例规定，承包单位将承包的工程转包或者违法分包的，责令改正，没收违法所得，对勘察、设计单位处合同约定的勘察费、设计费25%以上50%以下的罚款；对施工单位处工程合同价款0.5%以上1%以下的罚款；可以责令停业整顿，降低资质等级；情节严重的，吊销资质证书。"

《建设工程质量管理条例》第七十三条："依照本条例规定，给予单位罚款处罚的，对单位直接负责的主管人员和其他直接责任人员处单位罚款数额5%以上10%以下的罚款。"

【案件评析】

转包行为在建筑、工程、基础设施等领域普遍存在，然而，工程转包往往伴随着一系列管理挑战，包括复杂的项目监管、沟通问题、质量控制难题等。本案是一起典型的建筑公司将承包的工程进行转包的案件。案件的查处，确保了事实清楚、证据确凿、法律适用准确、量罚适当。在依法作出行政处罚决定后，当事人积极配合，在规定期限内缴纳了罚款，并对违法事实表示认可。从执法实践角度出发，本案可以从以下三个关键角度进行深入分析。

一是对承包工程进行转包的认定。其认定标准是：①施工单位将其承包的全部工程转给其他单位或个人施工的；②施工总承包单位或专业承包单位将其承包的全部工程分解以后，以分包的名义分别转给其他单位或个人施工的；③施工总承包单位或专业承包单位通过采取合作、联营、个人承包等形式或名义，直接或变相地将其承包的全部工程转给其他单位或个人施工的；④法律法规规定的其他转包行为。

二是证据收集与确凿性。在处理转包案件时，执法部门需要收集确凿的证据，证明转包的违法行为以及相关的经济交易和合同关系。只有证据确凿，才能对违法事实作出准确的认定和合理的行政处罚决定。本案在查处过程中，建设工程资料繁多，一般包括招投标文件、合同文件、设计文件、施工图纸、施工日志、安全监测记录、财务报表、验收报告等，办案人员翻阅了大量资料去收集证据，同时通过各种途径约谈、询问相关人员对实际施工和工作人员情况进行说明，厘清了其中复杂的关系，摸清了该项目的相关信息，掌握了涉案的确凿证据，为准确给案件定性提供了必要支撑。

三是对处罚金额的判定体现了合法性和适当性。本案中，执法部门通过综合考虑多方因素，确保了处罚金额的合法性与合理性。具体表现在以下几个方面。首先，执法部门在判定处罚金额时，充分考虑了违法行为的性质、情节、社会影响等因素。不仅遵守了涉及的法律法规，还深入分析了当事人的违法行为对环境、社会产生的不良后果，从而合理界定了处罚金额的范围。其次，执法部门确保了处罚金额与违法行为的危害程度相符合。遵循适度惩罚、预防违法的原则，既惩罚了违法行为，又兼顾了对当事人的教育和警示作用，确保处罚的严重程度适切。此外，执法部门对处罚金额的判定也参考了类似案件的处理经验，保证了相似违法行为的处理在金额上的一致性，避免了处罚的随意性和不确定性。本案中，工程合同价款为 350 万元，根据法律规定应该处以当事人 1.75 万元以上 3.5 万元以下的罚款，鉴于当事人和法人积极配合执法机关调查，立即停止了违法行为，具有从轻处罚情形，于是最后对当事人作出罚款 1.75 万元的行政处罚，对法定代表人作出罚款 875 元的行政处罚。

通过对本案的深入分析，可以更好地理解工程转包行为所涉及的管理挑战和法律问题，强调了执法部门在处理转包案件时的重要作用，促进了工程安全、有序的社会环境，维护了涉水建筑工程的质量和项目的稳定进行。

第四章

水土保持类水行政执法

—— 典型案例

中共中央办公厅、国务院办公厅 2023 年印发的《关于加强新时代水土保持工作的意见》写道："水土保持是江河保护治理的根本措施，是生态文明建设的必然要求。党的十八大以来，我国水土保持工作取得显著成效，水土流失面积和强度持续呈现'双下降'态势，但我国水土流失防治成效还不稳固，防治任务仍然繁重。"北京市水务局 2022 年《北京市水土保持公报》指出北京市进一步强化生产建设项目水土保持监督。本章选取相关案例强化当事人对水土保持的意识，遵守法律法规。适用的法律法规主要有《中华人民共和国水土保持法》《北京市水土保持条例》。

📠 案例一 》 北京某有限公司施工建设未编制水土保持方案案

【案件基本情况】

2023 年 3 月 30 日，北京市石景山区水务局执法人员在执行疑似违法图斑核查工作中发现，北京某有限公司在北京市石景山区福寿岭某建设项目的施工建设中未编制水土保持方案(或水影响评价报告)。

立案后，执法人员进行了现场拍照取证，收集了相关证据材料，制作了"现场勘验笔录"和"询问笔录"。经查实，当事人实施福寿岭某建设项目，未在开工建设前编制完成水土保持方案或水影响评价报告。当事人的行为违反了《中华人民共和国水土保持法》①第二十六条的规定，属于违法行为。当事人对违法事实认定无异议。

2023 年 3 月 30 日，执法人员向当事人送达了"责令限期改正通知书"，

---

① 《中华人民共和国水土保持法》于 1991 年 6 月 29 日第七届全国人民代表大会常务委员会第二十次会议通过，2010 年 12 月 25 日第十一届全国人民代表大会常务委员会第十八次会议修订，2010 年 12 月 25 日修订后的《中华人民共和国水土保持法》公布，自 2011 年 3 月 1 日起施行。

要求当事人立即停止违法行为，于 2023 年 4 月 30 日前完成水土保持方案编制并取得批复。2023 年 4 月 20 日，执法人员复查发现，当事人已按照要求完成水影响评价报告书的编制工作并取得了北京市石景山区水务局的批复。同日，执法人员向当事人送达了"不予行政处罚事先告知书"，告知了当事人享有的权利和义务。当事人在规定期限内未提出陈述、申辩。视为放弃了陈述、申辩。

综合当事人违法情节轻微、未造成严重后果等因素，依据《中华人民共和国水土保持法》第五十三条第（一）项的规定，2023 年 4 月 28 日北京市石景山区水务局决定对当事人不予行政处罚。当日，执法人员向当事人送达了"北京市水务局不予行政处罚决定书"。此案执行完毕。

【法律依据】

《中华人民共和国水土保持法》第二十六条："依法应当编制水土保持方案的生产建设项目，生产建设单位未编制水土保持方案或者水土保持方案未经水行政主管部门批准的，生产建设项目不得开工建设。"

《中华人民共和国水土保持法》第五十三条："违反本法规定，有下列行为之一的，由县级以上人民政府水行政主管部门责令停止违法行为，限期补办手续；逾期不补办手续的，处五万元以上五十万元以下的罚款；对生产建设单位直接负责的主管人员和其他直接责任人员依法给予处分：

（一）依法应当编制水土保持方案的生产建设项目，未编制水土保持方案或者编制的水土保持方案未经批准而开工建设的；

……"

【案件评析】

本案是在北京市水土保持疑似违法图斑核查时发现的，相当于是采用先进的航拍监控技术和实地现场核查相结合发现的案情。

由于当事人及时改正，且现场采取了相应的水土保持临时措施，水土保持责任落实比较到位，未造成明显水土流失，故依据北京市水务局自由裁量规定，对当事人不予处罚。

📰 **案例二»**　北京某有限公司水土保持方案实施过程中未经原审批机关批准，对水土保持措施做出重大变更案

【案件基本情况】

2022年5月5日，北京市水务局执法人员在检查中发现，北京某有限公司在北京市石景山区五里坨某地块二类居住用地、住宅混合公建用地、其他类多功能用地、基础教育用地、综合性商业金融服务业用地项目的水土保持方案实施过程中，未经原审批机关批准，对水土保持措施做出重大变更。

立案后，执法人员进行了现场拍照取证，收集了相关证据材料，制作了"现场勘验笔录"和"询问笔录"。经查实，当事人在北京市石景山区五里坨某地块二类居住用地、住宅混合公建用地、其他类多功能用地、基础教育用地、综合性商业金融服务业用地项目没有进行透水铺装，把本应该使用透水砖铺装的区域全部使用PC砖铺装，在水土保持方案实施过程中，未经原审批机关批准，对水土保持措施做出重大变更。当事人的行为违反了《中华人民共和国水土保持法》第二十五条第三款之规定，属于违法行为。当事人对违法事实认定无异议。

2022年5月6日，执法人员向当事人送达了"责令限期改正通知书"。2022年6月10日，执法人员复查发现，当事人未按照"责令限期改正通知书"的要求进行整改，已报送评审材料，但尚未取得原审批机关关于变更水影响评价报告书的批复文件。同日，执法人员向当事人送达了"行政处罚事

先告知书"，并听取了当事人的陈述、申辩，制作了"陈述、申辩笔录"。

综合案件事实、情节及危害后果等因素，依据《中华人民共和国水土保持法》第五十三条第（三）项之规定，北京市水务局对当事人作出罚款10万元的决定。2022年7月20日，执法人员向当事人送达了"北京市水务局行政处罚决定书"。当事人于2022年8月1日到银行缴纳了罚款。此案执行完毕。

【法律依据】

《中华人民共和国水土保持法》第二十五条第三款："水土保持方案经批准后，生产建设项目的地点、规模发生重大变化的，应当补充或者修改水土保持方案并报原审批机关批准。水土保持方案实施过程中，水土保持措施需要作出重大变更的，应当经原审批机关批准。"

《中华人民共和国水土保持法》第五十三条："违反本法规定，有下列行为之一的，由县级以上人民政府水行政主管部门责令停止违法行为，限期补办手续；逾期不补办手续的，处五万元以上五十万元以下的罚款；对生产建设单位直接负责的主管人员和其他直接责任人员依法给予处分：

……

（三）水土保持方案实施过程中，未经原审批机关批准，对水土保持措施作出重大变更的。"

【案件评析】

本案是一起典型的水土保持类案件。案件的查处，做到了事实清楚、证据确凿、法律适用准确、过罚相当。本案的顺利办理，给今后同类型案件带来了一些可借鉴的经验，主要有以下两点。

第一，依法履行告知程序，保证当事人权利。告知是一项重要程序制度，是行政处罚公开公正原则的具体体现。本案中，行政机关在作出行政处罚之前，依法告知了当事人拟作出行政处罚内容及事实、理由、依据。同时，告知当事人依法享有陈述、申辩和要求听证的权利。告知程序是行政处罚的必经程序，对行政机关而言，是一项法定义务，必须履行；对当事人而言，是对其知情权的保护。

第二，把服务放在履职的重要位置，办暖心案。服务是行政机关的重要职能，服务的好坏关系到案件办理的顺利程度，关乎民心向背。本案中，行政机关作出行政处罚决定后，信用中国依法公开企业行政处罚信息，当事人经营行为受到影响，其主动配合履行义务意愿增加。仅两周时间，当事人就顺利缴款，并在信用中国上申请了信用修复，最大限度地减少了由于企业信用受损所造成的连带损失。行政机关不仅是严肃的法律执行者，更是暖心的服务者，把当事人的"愁心事"放在心上，让执法更有"温度"。

📠 **案例三 »** 北市某开发有限公司水土保持设施未经验收将生产建设项目投产使用案

【案件基本情况】

2022 年 3 月 24 日，北京市石景山区水务局执法人员检查中发现，北京某开发有限公司在北京市石景山区五里坨地区某楼盘水土保持设施未经验收将生产建设项目投产使用。

立案后，执法人员进行了现场拍照取证，收集了相关证据材料，制作了"现场勘验笔录"和"询问笔录"。当事人的行为违反了《中华人民共和国水土保持法》第二十七条，属于违法行为。当事人对违法事实认定无异议。

2022 年 3 月 24 日，向当事人送达了"责令限期改正通知书"事人立即停止违法行为，于4月25日前完成水土保持设施验收工作。2022年4月20日，执法人员向当事人送达了"行政处罚事先告知书"和"行政处罚听证告知书"，告知了当事人享有的权利和义务。当事人在规定期限内未提出陈述、申辩和听证要求，视为放弃了陈述、申辩。2022年4月26日经执法人员复查，当事人仍未完成整改。

综合案件事实、情节及危害后果等因素，依据《中华人民共和国水土保持法》第五十四条的规定，2022年5月11日北京市石景山区水务局经集体讨论决定，对当事人处以罚款28万元的行政处罚。2022年5月12日，执法人员向当事人送达了"北京市水务局行政处罚决定书"和"行政处罚缴款书"。当事人于2022年5月20日将罚款缴纳。此案执行完毕。

【法律依据】

《中华人民共和国水土保持法》第二十七条："依法应当编制水土保持方案的生产建设项目中的水土保持设施，应当与主体工程同时设计、同时施工、同时投产使用；生产建设项目竣工验收，应当验收水土保持设施；水土保持设施未经验收或者验收不合格的，生产建设项目不得投产使用。"

《中华人民共和国水土保持法》第五十四条："违反本法规定，水土保持设施未经验收或者验收不合格将生产建设项目投产使用的，由县级以上人民政府水行政主管部门责令停止生产或者使用，直至验收合格，并处五万元以上五十万元以下的罚款。"

【案件评析】

水土保持设施，应当与主体工程同时设计、同时施工、同时投产使用，这是保障开发建设项目水土保持工作落实到位的必要条件。

作为房地产项目，如何认定投产使用是一个比较模糊的概念。本案执法人员在项目取证过程中征询了众多水土保持工作者的意见和建议，最终，对房地产项目的投产使用定义为小区内存在居民的正常起居，而不是简单的建委的竣工备案单和交房记录。本案在整个执法过程中体现了执法工作的严谨和服务为民。

📰 案例四 » 北京某有限公司生产建设项目水土保持设施未经验收即投产使用案

【案件基本情况】

2022年3月14日，北京市水务局执法人员在检查中发现，北京某有限公司在北京市顺义区某建设项目的水土保持设施未经验收即投产使用。

立案后，执法人员进行了现场拍照取证，收集了相关证据材料，制作了"现场勘验笔录"和"询问笔录"。经查实，当事人在北京市顺义区某建设项目涉及居住用地、住宅混合公建用地、基础教育用地的水土保持设施未经验收即投产使用，当事人的行为违反了《中华人民共和国水土保持法》第二十七条之规定，属于违法行为。当事人对违法事实认定无异议。

2022年3月14日，向当事人送达了"责令限期改正通知书"。2022年4月6日，执法人员向当事人送达了"行政处罚事先告知书"，并听取了当事人的陈述、申辩，制作了"陈述、申辩笔录"。2022年5月5日，执法人员复查发现，当事人未按要求完成整改，仍未向水行政主管部门报送该项目水土保持设施自主验收材料。

综合案件事实、情节及危害后果等因素，依据《中华人民共和国水土保持法》第五十四条之规定，北京市水务局对当事人作出罚款20万元的行政处罚。2022年6月2日，执法人员向当事人送达了"北京市水务局行政处罚决定书"和"行政处罚缴款书"。当事人于2022年6月15日到银行缴纳了罚款。此案执行完毕。

【法律依据】

《中华人民共和国水土保持法》第二十七条："依法应当编制水土保持方案的生产建设项目中的水土保持设施，应当与主体工程同时设计、同时施工、同时投产使用；生产建设项目竣工验收，应当验收水土保持设施；水土保持设施未经验收或者验收不合格的，生产建设项目不得投产使用。"

《中华人民共和国水土保持法》第五十四条："违反本法规定，水土保持设施未经验收或者验收不合格将生产建设项目投产使用的，由县级以上人民政府水行政主管部门责令停止生产或者使用，直至验收合格，并处五万元以上五十万元以下的罚款。"

【案件评析】

本案中的建设项目属于依法应当编制水土保持方案的生产建设项目，其生产建设项目中的水土保持设施，应当与主体工程同时设计、同时施工、同时投产使用，这是保障开发建设项目水土保持工作落实到位的必要条件。

根据2021年和2023年《北京市常用水行政处罚裁量基准表》的规定，对水土保持设施未经验收或者验收不合格将生产建设项目投产使用的违法行为以项目征占用地面积作为处罚情节进行考量。作为房地产项目，一个项目通常有多个地块同时或先后进行建设，执法人员认定当事人水土保持项目未经验收投产使用的违法情节要根据其实际投入使用面积进行处罚，而不能以整个项目面积作为其违法行为的认定并进行处罚。在询问和现场勘验等调查过程中，要准确核实未经验收即投入使用有几栋楼交付居民使用，以确定具体占地面积。通过询问、现场勘验、核对当事人提交的水影响评价报告书等证据材料，确认具体使用面积。

本案通过"询问笔录"和"现场勘验笔录"及项目相关材料认定，水土保持设施未经验收将建设项目投入使用的面积小于 10 公顷大于 5 公顷，根据《北京市常用水行政处罚裁量基准表》的规定，应处以 20 万元以上 30 万元以下的罚款。结合案件事实和情节等，对当事人作出罚款 28 万元的行政处罚，体现了执法工作的合法性和严谨性。

📰 **案例五 »** 北京某生物科技有限公司未编制水土保持方案而开工建设案

【案件基本情况】

2022 年 11 月 22 日，北京市水务局执法人员在检查中发现，北京某生物科技有限公司在北京市昌平区生命科学园某号地块的实验室项目已经开工建设，但现场未能提供该项目水土保持或水影响评价批复文件。

立案后，执法人员进行了现场拍照取证，收集了相关证据材料，制作了"现场勘验笔录"和"询问笔录"。经查实，当事人存在未编制水土保持方案而开工建设的情况。当事人的行为违反了《中华人民共和国水土保持法》第二十六条之规定，属于违法行为。当事人对违法事实认定无异议。

2022 年 11 月 22 日，执法人员向当事人送达了"责令限期改正通知书"。2023 年 2 月 1 日，执法人员复查发现，当事人已按要求进行了改正，编制了水土保持方案。同日，执法人员向当事人送达了"不予行政处罚事先告知书"，并听取了当事人的陈述、申辩，制作了"陈述、申辩笔录"。

由于当事人违法行为轻微并及时改正，没有造成危害后果，符合不予行政处罚的情形，本案执法人员已对当事人进行了普法宣传，依据《中华人民共和国行政处罚法》第三十三条第一款之规定，北京市水务局对当事人作出不予行政处罚的决定。2023 年 2 月 24 日，北京市水务局执法人员向当事人送达了"北京市水务局不予行政处罚决定书"。此案执行完毕。

【法律依据】

《中华人民共和国水土保持法》第二十六条："依法应当编制水土保持方案的生产建设项目，生产建设单位未编制水土保持方案或者水土保持方案未经水行政主管部门批准的，生产建设项目不得开工建设。"

《中华人民共和国水土保持法》第五十三条："违反本法规定，有下列行为之一的，由县级以上人民政府水行政主管部门责令停止违法行为，限期补办手续；逾期不补办手续的，处五万元以上五十万元以下的罚款；对生产建设单位直接负责的主管人员和其他直接责任人员依法给予处分：

（一）依法应当编制水土保持方案的生产建设项目，未编制水土保持方案或者编制的水土保持方案未经批准而开工建设的；

……"

《中华人民共和国行政处罚法》第三十三条第一款："违法行为轻微并及时改正，没有造成危害后果的，不予行政处罚。初次违法且危害后果轻微并及时改正的，可以不予行政处罚。"

【案件评析】

编制水土保持方案的目的是预防与治理水土流失，为生产建设单位治理水土流失提供技术保障。生产建设单位未编制水土保持方案或者水土保持方案未经水行政主管部门批准的，生产建设项目不得开工建设。本案当事人未编制水土保持方案而开工建设属于违法行为。本案的查处，做到了事实清楚、证据确凿、法律适用准确。结合执法实践，本案可以从以下三个角度进行分析、把握。

一是调查处理过程清晰，证据确凿。执法人员在对该企业进行执法检查的过程中，通过现场实地勘查发现该项目已经开工建设，在查阅相关材料时发现没有水土保持方案，违反了合法程序，随即对当事人进行询问。当事人表示，项目虽然前期编制了水影响评价报告，但是没有取得批复，承认了属于未编制水土保持方案而开工建设的违法行为。执法人员锁定了相关证据，当场对当事人下达了"责令限期改正通知书"，后续严格经过复查、行政处罚事先告知、听取陈述和申辩、送达决定书等法定程序，且相关法律文书均让当事人进行了现场核实并签字确认。执法人员在本案执行过程中严格按照法律规定和程序办案。

二是做好了各个环节的告知义务。做好水土保持行政执法各个环节的告知工作，具有重要的法律教育和宣传效果，能够在维护法律权威的同时，增强当事人的法律意识和合规意识。本案中，执法人员的告知工作体现了积极的法律宣传和教育精神，具体体现在以下两个方面。首先，执法人员在发现当事人未编制水土保持方案的违法行为后，及时向当事人明确阐述了其当前行为可能带来的法律责任。通过告知，当事人得以深刻认识到其违法行为的严重性，从而促使其及时改正。其次，在实施行政处罚前，执法人员对当事人进行了详细的事先告知工作。他们将违法事实、处罚决定以及当事人享有的陈述和申辩权利等方面的信息告知当事人，不仅确保了当事人在执法过程中的知情权和参与权，保障了当事人的合法权益，还为行政处罚的公正性和透明度提供了保障。

三是处罚不是目的，督促当事人进行有效整改才是关键。本案中，涉案的企业在责令整改期限内编制了水土保持方案并经水行政主管部门批准，执法人员敦促其在后续的施工中进行有效的水土治理，企业的违法状态已经得到了纠正，水土保持执法的目的已经达到，取得了法治效果。鉴于当事人违法行为轻微并及时改正，没有造成危害后果，执法人员给予了当事人不予行政处罚的决定，惩处裁量的理由充分，处罚适当。

通过对本案的查处，可以更好地理解编制水土保持方案的重要性，强调了生产建设单位在水环境保护方面的责任以及合法程序和执法实践对于水行政执法工作的推进和维护的重要性。

案例六 »   北京某投资有限公司拒不缴纳水土保持补偿费案

【案件基本情况】

2023 年 3 月 15 日，北京市水务局执法人员在检查中发现，北京某投资有限公司在北京市密云区某旧城改建棚户区改造项目中的三个地块拒不缴纳水土保持补偿费。

立案后，执法人员进行了现场拍照取证，收集了相关证据材料，制作了"现场勘验笔录"和"询问笔录"。经查实，当事人负责的项目已于 2019 年 5 月开工建设，于 2020 年 1 月取得了水行政主管部门的水影响评价报告书的批复文件，但有地块存在拒不缴纳水土保持补偿费的情况。当事人的行为违反了《中华人民共和国水土保持法》第三十二条第二款之规定，属于违法行为。当事人对违法事实认定无异议。

2023 年 3 月 21 日，执法人员向当事人送达了"责令限期改正通知书"。经 2023 年 4 月 13 日复查发现，当事人已按要求进行了改正，对其中一地块办理了水土保持补偿费免缴手续，对其他地块补缴了水土保持补偿费。同日，执法人员向当事人送达了"不予行政处罚事先告知书"，并听取了当事人的陈述、申辩，制作了"陈述、申辩笔录"。

由于当事人违法行为轻微并及时改正，没有造成危害后果，符合不予行政处罚的情形，本案已对当事人进行了普法宣传，依据《中华人民共和国行政处罚法》第三十三条第一款之规定，北京市水务局对当事人作出不予行政处罚的决定。2023 年 6 月 19 日，北京市水务局执法人员向当事人送达了"北京市水务局不予行政处罚决定书"。此案执行完毕。

【法律依据】

《中华人民共和国水土保持法》第三十二条第二款："在山区、丘陵区、风沙区以及水土保持规划确定的容易发生水土流失的其他区域开办生产建设项目或者从事其他生产建设活动,损坏水土保持设施、地貌植被,不能恢复原有水土保持功能的,应当缴纳水土保持补偿费,专项用于水土流失预防和治理。专项水土流失预防和治理由水行政主管部门负责组织实施。水土保持补偿费的收取使用管理办法由国务院财政部门、国务院价格主管部门会同国务院水行政主管部门制定。"

《中华人民共和国水土保持法》第五十七条:"违反本法规定,拒不缴纳水土保持补偿费的,由县级以上人民政府水行政主管部门责令限期缴纳;逾期不缴纳的,自滞纳之日起按日加收滞纳部分万分之五的滞纳金,可以处应缴水土保持补偿费三倍以下的罚款。"

《中华人民共和国行政处罚法》第三十三条第一款:"违法行为轻微并及时改正,没有造成危害后果的,不予行政处罚。初次违法且危害后果轻微并及时改正的,可以不予行政处罚。"

【案件评析】

水土保持补偿费主要用于维护和改善土地的生态环境,防止水土流失、侵蚀和沙化等现象,通过合理使用这些资金,可以改善生态环境、促进可持续发展。缴纳水土保持补偿费不仅是法定义务,更是对环境和社会负责的行为。本案是一起投资有限公司没有缴纳水土保持补偿费的案件。案件的查处,做到了事实清楚、证据确凿、法律适用准确。当事人在限期内补缴了相关费用,未在规定期限内申请行政复议或者提起行政诉讼。结合执法实践,本案可以从以下三个角度进行把握、分析。

一是对于水土保持项目的检查方式。对水土保持的监督检查是水行政执法行使职能的重要组成部分。为了及时、有效地开展水土保持检查工作，执法人员除了进入现场对设施建设、生态恢复、土地利用等进行实地调查取证外，还可以要求当事人提供有关文件、证照、资料，比如项目文件、申请材料、环评报告、设计文件、缴费票据，还可以就预防和治理水土流失的有关情况作出说明等。这是保证执法人员掌握实际情况，获取证据的重要手段。本案中，执法人员除了实地勘察外，还核查了项目的相关资料，在翻阅资料时发现没有缴纳水土保持补偿费的相关票据，通过对项目负责人的进一步询问，发现当事人没有缴纳过水土保持补偿费，立即告知当事人的违法行为，并责令限期改正。

二是当事人相关的法律意识比较淡薄，执法人员及时进行普法教育。本案中，执法人员在发现当事人违法行为后进行询问调查，当事人表示不知道要缴纳这笔费用，对于缴纳的手续、程序和金额都不清楚。执法人员当即用清晰易懂的表述向当事人普及了《中华人民共和国水土保持法》《北京市水土保持条例》等法律法规，并对水土保持补偿费免征情形进行了介绍，督促当事人及时联系北京市水务局相关职能部门进行咨询和补缴手续的办理，并做好相关证据的留存，以备复查。

三是当事人整改及时，执法人员正确行使裁量权。虽然行政处罚具有制止和惩戒违法行为的性质，但是也有预防和减少违法行为的功能，对于违法行为轻微并及时改正和初次轻微违法者不予行政处罚，进行教育同样也能起到防止和减少严重违法行为、降低社会危害性的作用，同时也是行政处罚法关于"处罚与教育相结合"原则的具体体现。本案中，当事人在知道自己的违法行为后积极作出整改，及时对相应地块办理了免缴手续，并对其他地块补缴了水土保持补偿费，及时纠正了违法行为的表现符合不予行政处罚的情形，执法人员正确行使了裁量权，防止权力滥用。

第五章

其他典型案例

基于水资源、水环境保护的重要性，北京市水务局及各区水务局针对水资源、水环境等保护形成的行政处罚权以及与之相关的行政检查权力种类较多。对于未列明在 2021 年《北京市常用水行政处罚裁量基准表》中的违法行为的其他行政处罚典型案例集合在本章项下，例如"未经批准修建渡口案""在饮用水水源一级保护区内垂钓案"等案例。适用的法律法规主要包括《取水许可和水资源费征收管理条例》《北京市水污染防治条例》《北京市实施〈中华人民共和国防洪法〉办法》。

案例一» 某高尔夫球俱乐部有限公司未经批准修建渡口案

【案件基本情况】

2022 年 8 月 11 日，北京市昌平区水务综合执法队执法人员在检查中发现某高尔夫球俱乐部有限公司在某地某高尔夫球场内未经水行政审批修建渡口。

执法人员随即开展了现场勘验，制作了"现场勘验笔录"和"询问笔录"。经查实，该公司在某地某高尔夫球场内未经水行政审批修建渡口。其行为违反了《北京市河湖保护管理条例》第二十一条第一款的规定，执法人员认定该公司存在违法行为，当事人对违法行为认定无异议。

执法人员向当事人送达了"责令限期改正通知书"，要求该公司在规定时间内补办审批手续。2022 年 10 月 17 日，执法人员复查发现，该公司未能在限定期限内办理修建渡口的审批手续。2022 年 10 月 18 日，执法人员向当事人送达了"北京市昌平区水务局权利义务告知书"。2022 年 11 月 22 日，执法人员向当事人送达了"限期拆除决定书"。2022 年 12 月 12 日，又送达了"催告书"。2022 年 12 月 26 日经现场复查，当事人已自行将渡口全部拆除，执法程序已经执行完成，予以结案。

【法律依据】

《北京市河湖保护管理条例》第二十一条第一款："在河湖上新建、扩建以及改建开发水利、防治水害、整治河湖的各类工程和在河湖管理范围、保护范围内修建桥梁、道路、管道、缆线、闸房、码头、渡口、取水、排水等工程设施，建设单位应当向有管辖权的水行政主管部门提出申请，报送工程建设方案。"

《北京市河湖保护管理条例》第四十条："违反本条例第二十一条规定，建设单位的工程建设方案未经水行政主管部门同意擅自开工的，由水行政主管部门责令停止违法行为，限期补办有关手续；逾期不补办或者补办未被批准的，责令限期拆除违法建筑物、构筑物，恢复原状；逾期不拆除、不恢复原状的，强制拆除，所需费用由违法单位或者个人负担，并处 1 万元以上 10 万元以下的罚款。"

【案件评析】

结合执法实践，本案可以从以下两个角度进行把握、分析。

一是为保障行洪安全以及河事稳定必须严格执法。北京市昌平区水务局严格遵循河道许可制度，严格依据《中华人民共和国防洪法》《北京市河湖保护管理条例》等法律法规，始终坚持对河湖的巡查。执法人员会同当事人现场进行勘验、取证，执法过程全程录像，保证执法全程公正、公开。

二是适用法律法规正确、程序合法。执法人员遵循告知原则，在案件办理过程中明确告知当事人拟作出的行政处罚的内容及事实、理由、依据，并告知当事人享有陈述、申辩等权利。根据《北京市河湖保护管理条例》第四十条："违反本条例第二十一条规定，建设单位的工程建设方案未经水行政主管部门同意擅自开工的，由水行政主管部门责令停止违法行为，限期补办有关手续；逾期不补办或者补办未被批准的，责令限期拆除违法建筑物、构筑物，恢复原状；逾期不拆除、不恢复原状的，强制拆除，所需费用由违法单位或者个人负担，并处 1 万元以上 10 万元以下的罚款。"的规定，当事人自行拆除了渡口，案件即可终结。

案例二》　北京某公司取用地下水计量设施运行不正常案

【案件基本情况】

2022 年 12 月 28 日，北京市朝阳区水务局执法人员对北京某公司位于北京市朝阳区朝阳北路某号院的取用地下水计量设施运行情况进行执法检查，发现该公司计量设施运行不正常。

执法人员对现场情况进行了调查，制作了"现场检查笔录"和"现场勘验笔录"，拍摄了现场实景照片等。2022 年 12 月 29 日，对该公司受委托人宋某进行了询问，制作了"询问笔录"，收集了相关证据材料。

经查实，该公司计量设施运行不正常的行为，违反了《取水许可和水资源费征收管理条例》第四十三条的规定，属于违法行为。

2022 年 12 月 29 日，执法人员依据《取水许可和水资源费征收管理条例》第五十三条第二款的规定，对当事人送达了"北京市朝阳区水务局责令改正违法行为通知书"，责令该公司停止违法行为，于 2023 年 1 月 9 日前进行更换或者修复；对当事人送达了"北京市朝阳区水务局行政处罚事先告知书"，告知当事人将对其进行行政处罚内容及事实、理由、依据，并告知当事人有陈述、申辩权利，当事人放弃提出陈述、申辩意见。

2023 年 2 月 27 日，执法人员向该公司受委托人宋某送达了"北京市水务局行政处罚决定书"和"行政处罚缴款书"，对当事人处以罚款 6600 元的行政处罚。此案执行完毕。

【法律依据】

《取水许可和水资源费征收管理条例》第四十三条："取水单位或者个人应当依照国家技术标准安装计量设施，保证计量设施正常运行，并按照规定填报取水统计报表。"

《取水许可和水资源费征收管理条例》第五十三条："未安装计量设施的，责令限期安装，并按照日最大取水能力计算的取水量和水资源费征收标准计征水资源费，处 5000 元以上 2 万元以下罚款；情节严重的，吊销取水许可证。

计量设施不合格或者运行不正常的，责令限期更换或者修复；逾期不更换或者不修复的，按照日最大取水能力计算的取水量和水资源费征收标准计征水资源费，可以处 1 万元以下罚款；情节严重的，吊销取水许可证。"

【案件评析】

本案中，当事人虽然安装了计量设施，但存在法律法规意识不强，对取水计量设施存在疏于管理的情况，忽视对计量设施进行检查与日常维护工作，导致未能及时发现计量设施损坏的情况。北京市朝阳区水务综合执法队执法人员在案件办理过程中调查取证的同时，积极向当事人宣传讲解《取水许可和水资源费征收管理条例》等有关规定，提高水法规的普及程度。使当事人认识到了自身的错误，积极主动整改并甘愿接受行政处罚。

北京市朝阳区水务局则在职权范围内，对侵占、毁坏水工程及堤防、护岸等有关设施，毁坏防汛、水文监测、水文地质监测设施和测量设施、河岸地质监测设施以及通信照明等设施尚不够刑事处罚，且防洪法未作规定的行为进行处罚。

📰 案例三 »　　　　北辰某公司损毁护堤护岸林木案

【案件基本情况】

2022 年 8 月 10 日，北京市门头沟区水务局执法人员在日常检查过程中发现北辰某公司在北京市门头沟区黑河沟上游北侧龙门新六区西侧约 200 米处进行热力管线施工的过程中，损毁护堤护岸林木面积 40 多平方米。

经查实，当事人在河道管理范围内，损毁护堤护岸林木的行为违反了《北京市河湖保护管理条例》第十九条第五项之规定，属于违法行为。以上事实，有"现场勘验笔录"和"询问笔录"等材料为证，当事人对违法事实认定无异议。

2022 年 8 月 29 日，执法人员向当事人送达了"行政处罚事先告知书"，告知当事人拟作出的行政处罚内容及事实、理由、依据，并告知当事人依法享有的陈述、申辩等权利，当事人明确放弃陈述、申辩的权利。根据《北京市河湖保护管理条例》第三十八条之规定，决定对当事人处以罚款 1.5 万元。当事人依法缴纳了罚款，对毁坏的地方按要求补栽了树木并保证今后不再从事违法行为。此案执行完毕。

【法律依据】

《北京市河湖保护管理条例》第十九条："在河湖管理范围内，禁止下列行为：

……

（五）损毁堤防、护岸、闸坝等水工程建筑物、构筑物及防汛、水工水文监测和测量、河岸地质监测、通讯、照明、滨河道路以及其他附属设备与设施，损毁护堤护岸林木；

……"

《北京市河湖保护管理条例》第三十八条："违反本条例第十九条规定，由水行政主管部门责令停止违法行为，排除阻碍或者采取其他补救措施，有第（一）项规定行为的，处 1 万元以上 5 万元以下罚款；有其他项规定行为的，可以处 5 万元以下罚款，有违法所得的，没收违法所得。"

【案件评析】

近几年，随着北京市门头沟区桥梁、河湖工程的推进，出现了一系列堆物堆料、毁坏河堤、损毁林木、倾倒垃圾、毁损水工设施等违法行为。本案中，该公司在施工过程中毁损护堤护岸林木的违法行为造成了负面的社会影响。在查处此案的过程中，执法人员注重违法证据的收集，及时告知停止违法行为，并责令当事人限期改正，按照要求进行复查。结合执法实践，本案可以从以下三个角度进行把握、分析。

第一，反应迅速，调查事实。本案中，执法人员在发现损毁的林木后，第一时间认真勘查现场，锁定了当事人。

第二，及时发现，做好证据收集。执法人员跟随工程进展加大巡查力度，增强对现场的证据收集、固定工作，确保调查取证工作的客观性、真实性和完整性。

第三，依法依规，做好询问笔录。本案执法人员在特别问清违法行为的实施时间、地点、对河道的损害程度和后果之后，对当事人的违法行为进行定性和责任认定。

📰 案例四 »   李某某在饮用水水源一级保护区内垂钓案

【案件基本情况】

2022 年 4 月 23 日，北京市水务局执法人员在检查中发现，李某某在北京市官厅水库下营村南库区，饮用水水源一级保护区内垂钓。

该行为违反了《北京市水污染防治条例》[①]第五十七条第二款之规定，属于违法行为。执法人员进行了现场拍照取证，收集了相关证据材料，制作了"证据材料登记表"。当事人对违法事实认定无异议。执法人员责令当事人改正，当事人当场改正了违法行为。执法人员告知了当事人拟作出的行政处罚内容及事实、理由、依据，并告知当事人依法享有的陈述、申辩等权利，听取了当事人的陈述、申辩。

综合案件事实、情节及危害后果等因素，依据《北京市水污染防治条例》第八十条第二款之规定，北京市水务局对当事人作出罚款100元的行政处罚。2022年4月23日，执法人员向当事人送达了"北京市水务局行政处罚决定书（当场处罚）"。执法人员现场收缴罚款100元，并向当事人送达"北京市行政处罚当场收缴罚没款统一收据"。同日，当事人现场缴纳了罚款。2022年4月25日，执法人员到指定银行代缴了罚款。此案执行完毕。

【法律依据】

《北京市水污染防治条例》第五十七条第二款："禁止在饮用水水源一级保护区内从事旅游、垂钓或者其他可能污染饮用水水体的活动。"

《北京市水污染防治条例》第八十条第二款："在地表饮用水水源保

[①] 《北京市水污染防治条例》于2010年11月19日北京市第十三届人民代表大会常务委员会第二十一次会议通过，根据2018年3月30日北京市第十五届人民代表大会常务委员会第三次会议通过的《关于修改〈北京市大气污染防治条例〉等七部地方性法规的决定》修正，根据2019年11月27日北京市第十五届人民代表大会常务委员会第十六次会议通过的《关于修改〈北京市实施中华人民共和国节约能源法办法〉等八部地方性法规的决定》修正，根据2021年9月24日北京市第十五届人民代表大会常务委员会第三十三次会议通过的《关于修改部分地方性法规的决定》修正。

护区组织水上旅游或者其他可能污染饮用水水源活动的，以及在地表饮用水水源保护区和准保护区内从事网箱养殖的，由所在地区生态环境部门或者水务部门按照职责分工责令停止违法行为，并处二万元以上十万元以下的罚款。个人在地表饮用水水源一级保护区内游泳、垂钓或者从事其他可能污染饮用水水体的活动的，由所在地区生态环境部门或者水务部门按照职责分工责令停止违法行为，并可以处五百元以下的罚款。"

《中华人民共和国行政处罚法》第五十一条："违法事实确凿并有法定依据，对公民处以二百元以下、对法人或者其他组织处以三千元以下罚款或者警告的行政处罚的，可以当场作出行政处罚决定。法律另有规定的，从其规定。"

《中华人民共和国行政处罚法》第六十八条："依照本法第五十一条的规定当场作出行政处罚决定，有下列情形之一，执法人员可以当场收缴罚款：

（一）依法给予一百元以下罚款的；

（二）不当场收缴事后难以执行的。"

《中华人民共和国行政处罚法》第六十九条："在边远、水上、交通不便地区，行政机关及其执法人员依照本法第五十一条、第五十七条的规定作出罚款决定后，当事人到指定的银行或者通过电子支付系统缴纳罚款确有困难，经当事人提出，行政机关及其执法人员可以当场收缴罚款。"

《中华人民共和国行政处罚法》第七十条："行政机关及其执法人员当场收缴罚款的，必须向当事人出具国务院财政部门或者省、自治区、直辖市人民政府财政部门统一制发的专用票据；不出具财政部门统一制发的专用票据的，当事人有权拒绝缴纳罚款。"

《中华人民共和国行政处罚法》第七十一条："执法人员当场收缴的罚款，应当自收缴罚款之日起二日内，交至行政机关；在水上当场收缴的罚款，应当自抵岸之日起二日内交至行政机关；行政机关应当在二日内将罚款缴付指定的银行。"

【案件评析】

多年以来，北京市不断加强水环境保护力度，各类水环境违法行为得到有效查处，官厅水库作为北京市备用饮用水水源保护区，明文禁止在饮用水水源一级保护区内垂钓，但仍有个别人抱有侥幸心理，不惜以身试法。

本案是一起简单的在饮用水水源一级保护区内垂钓案件。案件的查处，做到了事实清楚、证据确凿、法律适用准确、量罚适当。当事人在现场内缴纳了罚款，未在规定期限内申请行政复议或者提起行政诉讼。结合执法实践，本案可以从以下三个角度进行把握、分析。

一是加强巡查检查力度，及时发现坚决查处。在饮用水水源一级保护区内垂钓的行为存在着随意性、不易抓现行、查处难度较大等特点。针对这一情况，执法人员落实错时执法制度，开展"八小时"之外的执法行动，不断增加巡查次数，提高巡视检查力度，及时发现了当事人的违法行为。

二是充分保障当事人合法权利。本案中，行政机关充分保障了当事人合法权利，如当场明确告知了当事人拟作出的行政处罚内容及事实、理由、依据，享有陈述或申辩等权利，并听取了当事人的陈述、申辩，明确告知了当事人行政复议、行政诉讼等救济途径等。这既是充分地保障当事人合法权益，也是体现行政执法的"温度"。

三是主体明确，适用法律正确。在饮用水水源一级保护区内垂钓的行为违反了《北京市水污染防治条例》第五十七条第二款之规定，根据《北京市水污染防治条例》第八十条第二款之规定，对李某某作出罚款100元的行政处罚。

📰 **案例五 »** 　　　徐某某在堤防行驶超重车辆案

【案件基本情况】

2022年6月8日，北京市水务局执法人员在检查中发现，徐某某在北京市大兴区永定河左堤路与京良路交叉口上游左岸30米处堤防行驶重型平板半挂车，此路段限制超过2吨重量的车辆通行，该重型平板半挂车重39.25吨，属超重车辆。

立案后，执法人员进行了现场拍照取证，收集了相关证据材料，制作了"证据材料登记表"。经查实，当事人在北京市大兴区永定河左堤路与京良路交叉口上游左岸30米处堤防行驶重型平板半挂车，此路段限制超过2吨重量的车辆通行，该重型平板半挂车重39.25吨，属超重车辆，当事人的行为违反了《北京市实施〈中华人民共和国防洪法〉办法》①第二十二条第三款之规定，属于违法行为。当事人对违法事实认定无异议。

综合案件事实、情节及危害后果等因素，依据《北京市实施〈中华人民共和国防洪法〉办法》第四十六条之规定，北京市水务局对当事人作出罚款100元的行政处罚。2022年6月8日，执法人员当场告知了当事人拟作出的行政处罚内容及事实、理由、依据，并告知当事人依法享有的陈述、申辩等权利，听取了当事人的陈述、申辩。同日，执法人员向当事人送达了"北京市水务局行政处罚决定书（当场处罚）"和"北京市行政处罚当场收缴罚没款统一收据"。同日，执法人员现场收缴当事人的罚款100元。2022年6月9日，执法人员到指定银行代缴了罚款。此案执行完毕。

---

① 《北京市实施〈中华人民共和国防洪法〉办法》于2001年5月18日北京市第十一届人民代表大会常务委员会第二十六次会议通过，根据2018年3月30日北京市第十五届人民代表大会常务委员会第三次会议通过的《关于修改〈北京市大气污染防治条例〉等七部地方性法规的决定》修正。

【法律依据】

《北京市实施〈中华人民共和国防洪法〉办法》第二十一条第三款："堤路结合的大坝、堤防、闸桥限制超重车辆通行，非堤路结合的大坝、堤防、闸桥禁止机动车辆通行，主管部门应当设立标志，但法律、法规另有规定的除外。"

《北京市实施〈中华人民共和国防洪法〉办法》第四十六条："违反本办法第二十一条第三款规定，在堤路结合的大坝、堤防、闸桥行驶超重车辆，在非堤路结合的大坝、堤防、闸桥行驶机动车辆的，由水行政主管部门处以 200 元以下罚款。"

《中华人民共和国行政处罚法》第五十一条："违法事实确凿并有法定依据，对公民处以二百元以下、对法人或者其他组织处以三千元以下罚款或者警告的行政处罚的，可以当场作出行政处罚决定。法律另有规定的，从其规定。"

《中华人民共和国行政处罚法》第六十八条："依照本法第五十一条的规定当场作出行政处罚决定，有下列情形之一，执法人员可以当场收缴罚款：

（一）依法给予一百元以下罚款的；

（二）不当场收缴事后难以执行的。"

《中华人民共和国行政处罚法》第六十九条："在边远、水上、交通不便地区，行政机关及其执法人员依照本法第五十一条、第五十七条的规定作出罚款决定后，当事人到指定的银行或者通过电子支付系统缴纳罚款确有困难，经当事人提出，行政机关及其执法人员可以当场收缴罚款。"

《中华人民共和国行政处罚法》第七十条："行政机关及其执法人员当场收缴罚款的，必须向当事人出具国务院财政部门或者省、自治区、直辖市人民政府财政部门统一制发的专用票据；不出具财政部门统一制发的专用票据的，当事人有权拒绝缴纳罚款。"

《中华人民共和国行政处罚法》第七十一条："执法人员当场收缴的罚款，应当自收缴罚款之日起二日内，交至行政机关；在水上当场收缴的罚款，应当自抵岸之日起二日内交至行政机关；行政机关应当在二日内将罚款缴付指定的银行。"

【案件评析】

堤防工程是防御洪水的第一道防线，也是人民生活、生产活动最基本的安全屏障。在洪水来临前，修建堤防可以有效地抵御洪水的冲击，从而确保人民生命财产安全。在洪水来临时，堤防能够迅速形成对洪水的拦截，为人们提供生产生活、交通运输等保障条件。

本案是一起简单的在堤防行驶超重车辆的案件。案件的查处，做到了事实清楚、证据确凿、法律适用准确、量罚适当。当事人在现场内缴纳了罚款，未在规定期限内申请行政复议或者提起行政诉讼。结合执法实践，本案可以从以下两个角度进行把握、分析。

一是加强巡视，发现及时。在堤防行驶超重车辆行为查处难度大，需要长时间蹲守。北京市水务局依据错时执法制度，合理安排执法人员，有针对性地制订巡视方案，对"打游击"式违法行为进行有力打击，及时发现，及时立案查处。

二是主体明确，适用法律正确。当事人在堤防行驶超重车辆的行为违反了《北京市实施〈中华人民共和国防洪法〉办法》第二十一条第三款规定。本案事实清楚、证据确凿，适用法律条文正确，程序合法，符合要求。

水行政处罚实施办法

第一章　总　　则

第一条　为了规范水行政处罚行为，保障和监督行政机关有效实施水行政管理，维护公共利益和社会秩序，保护公民、法人或者其他组织的合法权益，根据《中华人民共和国行政处罚法》、《中华人民共和国水法》等有关法律、法规，制定本办法。

第二条　公民、法人或者其他组织违反水行政管理秩序的行为，依法给予水行政处罚的，由县级以上人民政府水行政主管部门或者法律、法规授权的组织（以下统称水行政处罚机关）依照法律、法规、规章和本办法的规定实施。

第三条　水行政处罚遵循公正、公开的原则。实施水行政处罚必须以事实为依据，与违法行为的事实、性质、情节以及社会危害程度相当。对违法行为给予水行政处罚的规定必须公布；未经公布的，不得作为水行政处罚的依据。

实施水行政处罚，纠正违法行为，应当坚持处罚与教育相结合，教育公民、法人或者其他组织自觉守法。

第四条　水行政处罚的种类：

（一）警告、通报批评；

（二）罚款、没收违法所得、没收非法财物；

（三）暂扣许可证件、降低资质等级、吊销许可证件；

（四）限制开展生产经营活动、责令停产停业、责令关闭、限制从业；

（五）法律、行政法规规定的其他水行政处罚。

第二章　水行政处罚的实施机关和执法队伍

第五条　下列水行政处罚机关在法定授权范围内以自己的名义独立行

使水行政处罚权:

（一）县级以上人民政府水行政主管部门;

（二）国务院水行政主管部门在国家确定的重要江河、湖泊设立的流域管理机构（以下简称流域管理机构）及其所属管理机构;

（三）省、自治区、直辖市决定行使水行政处罚权的乡镇人民政府、街道办事处;

（四）法律、法规授权的其他组织。

第六条　县级以上人民政府水行政主管部门可以在其法定权限内委托符合本办法第七条规定条件的水政监察专职执法队伍、水行政执法专职机构或者其他组织实施水行政处罚。

受委托组织在委托权限内,以委托水行政主管部门名义实施水行政处罚;不得再委托其他组织或者个人实施水行政处罚。

第七条　受委托组织应当符合下列条件:

（一）依法成立并具有管理公共事务职能;

（二）具有熟悉有关法律、法规、规章和水利业务,并取得行政执法资格的工作人员;

（三）需要进行技术检查或者技术鉴定的,应当有条件组织进行相应的技术检查或者技术鉴定。

第八条　委托实施水行政处罚,委托水行政主管部门应当同受委托组织签署委托书。委托书应当载明下列事项:

（一）委托水行政主管部门和受委托组织的名称、地址、法定代表人姓名、统一社会信用代码;

（二）委托实施水行政处罚的具体事项、权限和委托期限;

（三）违反委托事项应承担的责任;

（四）其他需载明的事项。

委托水行政主管部门和受委托组织应当将委托书向社会公布。

受委托组织实施水行政处罚，不得超越委托书载明的权限和期限。

委托水行政主管部门发现受委托组织不符合委托条件的，应当解除委托，收回委托书并向社会公布。

第九条　委托水行政主管部门应当对受委托组织实施水行政处罚的行为负责监督，并对该行为的后果承担法律责任。

第三章　水行政处罚的管辖和适用

第十条　水行政处罚由违法行为发生地的水行政处罚机关管辖。

流域管理机构及其所属管理机构按照法律、行政法规、部门规章的规定和国务院水行政主管部门授予的权限管辖水行政处罚。

法律、行政法规、部门规章另有规定的，从其规定。

第十一条　水行政处罚由县级以上地方人民政府具有水行政处罚权的行政机关管辖。法律、行政法规另有规定的，从其规定。

第十二条　对当事人的同一违法行为，两个以上水行政处罚机关都有管辖权的，由最先立案的水行政处罚机关管辖。

两个以上水行政处罚机关发生管辖争议的，应当在七个工作日内协商解决，协商不成的，报请共同的上一级水行政主管部门指定管辖；也可以直接由共同的上一级水行政主管部门指定管辖。

省际边界发生管辖争议的，应当在七个工作日内协商解决，协商不成的，报请国务院水行政主管部门或者由国务院水行政主管部门授权违法行为发生地所属流域管理机构指定管辖；也可以由国务院水行政主管部门指定流域管理机构负责查处。

指定管辖机关应当在接到申请之日起七个工作日内作出管辖决定，并对指定管辖案件执行情况进行监督。

第十三条　水行政处罚机关实施行政处罚时，应当责令当事人改正或者限期改正违法行为。

第十四条　对当事人的同一个违法行为，不得给予两次以上罚款的行政处罚。同一个违法行为违反多个法律规范应当给予罚款处罚的，按照罚款数额高的规定处罚。

两个以上当事人共同实施违法行为的，应当根据违法情节和性质，分别给予水行政处罚。

第十五条　当事人有下列情形之一，应当从轻或者减轻水行政处罚：

（一）主动消除或者减轻违法行为危害后果的；

（二）受他人胁迫或者诱骗实施违法行为的；

（三）主动供述水行政处罚机关尚未掌握的违法行为的；

（四）配合水行政处罚机关查处违法行为有立功表现的；

（五）法律、法规、规章规定的其他应当从轻或者减轻水行政处罚的。

违法行为轻微并及时改正，没有造成危害后果的，不予水行政处罚。初次违法且危害后果轻微并及时改正的，可以不予水行政处罚。对当事人的违法行为依法不予水行政处罚的，应当对当事人进行教育并记录在案。

第十六条　县级以上地方人民政府水行政主管部门和流域管理机构可以依法制定管辖范围的水行政处罚裁量基准。

下级水行政主管部门制定的水行政处罚裁量基准与上级水行政主管部门制定的水行政处罚裁量基准冲突的，应当适用上级水行政主管部门制定的水行政处罚裁量基准。

水行政处罚裁量基准应当向社会公布。

水行政处罚机关应当规范行使水行政处罚裁量权，坚持过罚相当、宽严相济，避免畸轻畸重、显失公平。

第十七条　水事违法行为在二年内未被发现的，不再给予水行政处罚；

涉及公民生命健康安全且有危害后果的，上述期限延长至五年。法律另有规定的除外。

前款规定的期限，从违法行为发生之日起计算；违法行为有连续或者继续状态的，从行为终了之日起计算。

第四章　水行政处罚的决定

第一节　一般规定

第十八条　水行政处罚机关应当公示执法主体、人员、职责、权限、立案依据、实施程序和救济渠道等信息。

第十九条　水行政处罚应当由两名以上具有行政执法资格的执法人员实施。

水行政执法人员与案件有直接利害关系或者有其他关系可能影响公正执法的，应当回避，当事人也有权申请其回避。当事人提出回避申请的，水行政处罚机关应当依法审查，由水行政处罚机关负责人决定。决定作出之前，不停止调查。

第二十条　水行政处罚机关在作出水行政处罚决定之前，应当书面告知当事人拟作出的水行政处罚内容及事实、理由、依据，并告知当事人依法享有陈述、申辩、要求听证等权利。不得限制或者变相限制当事人享有的陈述权、申辩权。

第二十一条　水行政处罚机关在告知当事人拟作出的水行政处罚决定后，当事人申请陈述、申辩的，应当充分听取当事人的陈述、申辩，对当事人提出的事实、理由和证据进行复核。当事人提出的事实、理由或者证据成立的，水行政处罚机关应当采纳。

水行政处罚机关未向当事人告知拟作出的水行政处罚内容及事实、理由、依据，或者拒绝听取当事人的陈述、申辩，不得作出水行政处罚决定。当事人明确放弃或者未在规定期限内行使陈述权、申辩权的除外。

水行政处罚机关不得因当事人陈述、申辩而给予更重的处罚。

第二十二条　水行政处罚的启动、调查取证、审核、决定、送达、执行等应当进行全过程记录并归档保存。

查封扣押财产、强制拆除等直接涉及生命健康、重大财产权益的现场执法活动和执法办案场所，应当进行全程音像记录。

第二十三条　水行政处罚机关应当在行政处罚决定作出之日起七个工作日内，公开执法机关、执法对象、执法类别、执法结论等信息。危及防洪安全、供水安全或者水生态安全等后果严重、具有一定社会影响的案件，其行政处罚决定书应当依法公开，接受社会监督。

公开的水行政处罚决定被依法变更、撤销、确认违法或者确认无效的，水行政处罚机关应当在三个工作日内撤回处罚决定信息，并公开说明理由。

涉及国家秘密、商业秘密、个人隐私的，依照相关法律法规规定处理。

第二十四条　水行政处罚证据包括书证、物证、视听资料、电子数据、证人证言、当事人的陈述、鉴定意见、勘验笔录和现场笔录。

证据收集应当严格遵守法定程序。证据经查证属实后方可作为认定案件事实的根据。

采用暴力、威胁等非法手段取得的证据，不得作为认定案件事实的根据。

第二十五条　水行政处罚机关依照法律、行政法规规定利用电子技术监控设备收集、固定违法事实的，应当经过法制和技术审核，确保电子技术监控设备符合标准、设置合理、标志明显，设置地点应当向社会公布。

电子技术监控设备记录违法事实应当真实、清晰、完整、准确。

第二十六条　水行政处罚机关及其工作人员对实施行政处罚过程中知

悉的国家秘密、商业秘密或者个人隐私，应当依法予以保密。

第二节　简易程序

第二十七条　违法事实确凿并有法定依据，对公民处以二百元以下、对法人或者其他组织处以三千元以下罚款或者警告的，可以当场作出水行政处罚决定。

第二十八条　当场作出水行政处罚决定的，水行政执法人员应当遵守下列程序：

（一）向当事人出示行政执法证件。

（二）当场收集违法证据。

（三）告知当事人违法事实、处罚理由和依据，并告知当事人依法享有陈述和申辩的权利。

（四）听取当事人的陈述和申辩。对当事人提出的事实、理由和证据进行复核，当事人明确放弃陈述或者申辩权利的除外。

（五）填写预定格式、编有号码的水行政处罚决定书，并由水行政执法人员签名或者盖章。

（六）将水行政处罚决定书当场交付当事人，当事人拒绝签收的，应当在水行政处罚决定书上注明。

（七）在五个工作日内（在水上当场处罚，自抵岸之日起五个工作日内）将水行政处罚决定书报所属水行政处罚机关备案。

前款处罚决定书应当载明当事人的违法行为，水行政处罚的种类和依据、罚款数额、时间、地点，申请行政复议、提起行政诉讼的途径和期限以及水行政处罚机关名称。

第三节　普通程序

第二十九条　除本办法第二十七条规定的可以当场作出的水行政处罚外，水行政处罚机关对依据水行政监督检查或者通过投诉举报、其他机关移送、上级机关交办等途径发现的违法行为线索，应当在十个工作日内予以核查。案情复杂等特殊情况无法按期完成核查的，经本机关负责人批准，可以延长五个工作日。

公民、法人或者其他组织有符合下列条件的违法行为的，水行政处罚机关应当予以立案：

（一）有涉嫌违法的事实；

（二）依法应当给予水行政处罚；

（三）属于本水行政处罚机关管辖；

（四）违法行为未超过追责期限。

第三十条　水行政执法人员依法调查案件，应当遵守下列程序：

（一）向当事人出示行政执法证件；

（二）告知当事人要调查的范围或者事项以及其享有陈述权、申辩权以及申请回避的权利；

（三）询问当事人、证人、与案件有利害关系的第三人，进行现场勘验、检查；

（四）制作调查询问、勘验检查笔录。

第三十一条　水行政执法人员可以要求当事人及其他有关单位、个人在一定期限内提供证明材料或者与涉嫌违法行为有关的其他材料，并由材料提供人在有关材料上签名或者盖章。

当事人采取暴力、威胁的方式阻碍调查取证的，水行政处罚机关可以提请有关部门协助。

调查取证过程中，无法通知当事人、当事人不到场或者拒绝配合调查，水行政执法人员可以采取录音、录像或者邀请有关人员作为见证人等方式记录在案。

第三十二条　水行政执法人员收集证据时，可以采取抽样取证的方法。在证据可能灭失或者以后难以取得的情况下，经水行政处罚机关负责人批准，可以先行登记保存。情况紧急，需要当场采取先行登记保存措施的，水行政执法人员应当在二十四小时内向水行政处罚机关负责人报告，并及时补办批准手续。水行政处罚机关负责人认为不应当采取先行登记保存措施的，应当立即解除。

第三十三条　水行政执法人员先行登记保存有关证据，应当当场清点，开具清单，由当事人和水行政执法人员签名或者盖章，并当场交付先行登记保存证据通知书。当事人不在场或者拒绝到场、拒绝签收的，可以邀请有关人员作为见证人签名或者盖章，采用录音、录像等方式予以记录，并由两名以上水行政执法人员在清单上注明情况。

登记保存物品时，在原地保存可能妨害公共秩序、公共安全或者对证据保存不利的，可以异地保存。

先行登记保存期间，当事人或者有关人员不得销毁或者转移证据。

第三十四条　对于先行登记保存的证据，应当在七个工作日内分别作出以下处理决定：

（一）需要采取记录、复制、拍照、录像等证据保全措施的，采取证据保全措施；

（二）需要进行检测、检验、鉴定、评估、认定的，送交有关机构检测、检验、鉴定、评估、认定；

（三）依法应当由有关部门处理的，移交有关部门；

（四）不需要继续登记保存的，解除先行登记保存；

（五）依法需要对船舶、车辆等物品采取查封、扣押的，依照法定程序查封、扣押；

（六）法律、法规规定的其他处理方式。

逾期未采取相关措施的，先行登记保存措施自动解除。

第三十五条　有下列情形之一，经水行政处罚机关负责人批准，中止案件调查，并制作中止调查决定书：

（一）水行政处罚决定必须以相关案件的裁判结果或者其他行政决定为依据，而相关案件尚未审结或者其他行政决定尚未作出的；

（二）涉及法律适用等问题，需要送请有权机关作出解释或者确认的；

（三）因不可抗力致使案件暂时无法调查的；

（四）因当事人下落不明致使案件暂时无法调查的；

（五）其他应当中止调查的情形。

中止调查的原因消除后，应当立即恢复案件调查。

第三十六条　有下列情形之一，经水行政处罚机关负责人批准，终止调查，并制作终止调查决定书：

（一）违法行为已过追责期限的；

（二）涉嫌违法的公民死亡或者法人、其他组织终止，并且无权利义务承受人，致使案件调查无法继续进行的；

（三）其他需要终止调查的情形。

第三十七条　案件调查终结，水行政执法人员应当及时提交调查报告。调查报告应当包括当事人的基本情况、违法事实、违法后果、相关证据、法律依据等，并提出依法是否应当给予水行政处罚以及给予何种水行政处罚的处理意见。

第三十八条　调查终结，水行政处罚机关负责人应当对调查结果进行审查，根据不同情况，分别作出下列决定：

（一）确有应受水行政处罚的违法行为的，根据情节轻重及具体情况，作出水行政处罚决定；

（二）违法行为轻微，依法可以不予水行政处罚的，不予水行政处罚；

（三）违法事实不能成立的，不予水行政处罚；

（四）违法行为涉嫌犯罪的，移送司法机关。

第三十九条　有下列情形之一，在水行政处罚机关负责人作出水行政处罚的决定之前，应当进行法制审核；未经法制审核或者审核未通过的，不得作出决定：

（一）涉及防洪安全、供水安全、水生态安全等重大公共利益的；

（二）直接关系当事人或者第三人重大权益，经过听证程序的；

（三）案件情况疑难复杂、涉及多个法律关系的；

（四）法律、法规规定应当进行法制审核的其他情形。

前款规定情形以外的，可以根据案件情况进行法制审核。

法制审核由水行政处罚机关法制工作机构负责；未设置法制工作机构的，由水行政处罚机关确定承担法制审核工作的其他机构或者专门人员负责。

案件调查人员不得同时作为该案件的法制审核人员。

第四十条　法制审核内容：

（一）水行政处罚主体是否合法，水行政执法人员是否具备执法资格；

（二）水行政处罚程序是否合法；

（三）案件事实是否清楚，证据是否合法充分；

（四）适用法律、法规、规章是否准确，裁量基准运用是否适当；

（五）水行政处罚是否按照法定或者委托权限实施；

（六）水行政处罚文书是否完备、规范；

（七）违法行为是否涉嫌犯罪、需要移送司法机关；

（八）法律、法规规定应当审核的其他内容。

第四十一条　有下列情形之一，在作出水行政处罚决定前，水行政处罚机关负责人应当集体讨论：

（一）拟作出较大数额罚款、没收较大数额违法所得、没收较大价值非法财物决定的；

（二）拟作出限制开展生产经营活动、降低资质等级、吊销许可证件、责令停产停业、责令关闭、限制从业决定的；

（三）水行政处罚机关负责人认为应当提交集体讨论的其他案件。

前款第（一）项所称"较大数额"、"较大价值"，对公民是指人民币（或者等值物品价值）五千元以上、对法人或者其他组织是指人民币（或者等值物品价值）五万元以上。地方性法规、地方政府规章另有规定的，从其规定。

第四十二条　水行政处罚机关给予水行政处罚，应当制作水行政处罚决定书。水行政处罚决定书应当载明下列事项：

（一）当事人的姓名或者名称、地址；

（二）违反法律、法规、规章的事实和证据，以及当事人陈述、申辩和听证情况；

（三）水行政处罚的种类和依据；

（四）水行政处罚的履行方式和期限；

（五）申请行政复议、提起行政诉讼的途径和期限；

（六）作出水行政处罚决定的水行政处罚机关名称和作出决定的日期。

对同一当事人的两个或者两个以上水事违法行为，可以分别制作水行政处罚决定书，也可以列入同一水行政处罚决定书。

第四十三条　水行政处罚机关应当自立案之日起九十日内作出水行政处罚决定。因案情复杂或者其他原因，不能在规定期限内作出水行政处罚决定的，经本机关负责人批准，可以延长六十日。

案件办理过程中，中止调查、听证、公告、检测、检验、鉴定、评估、认定、送达等时间不计入前款规定的期限。

第四十四条　水行政处罚机关送达水行政执法文书，可以采取下列方式：直接送达、留置送达、邮寄送达、委托送达、电子送达、转交送达、公告送达或者其他方式。送达水行政执法文书应当使用送达回证并存档。

第四十五条　水行政执法文书应当在宣告后当场交付当事人；当事人不在场的，水行政处罚机关应当在七个工作日内依照《中华人民共和国民事诉讼法》的有关规定，将水行政处罚决定书送达当事人，由当事人在送达回证上签名或者盖章，并注明签收日期。签收日期为送达日期。

当事人拒绝接收水行政执法文书的，送达人可以邀请有关基层组织或者所在单位的代表到场见证，在送达回证上注明拒收事由和日期，由送达人、见证人签名或者盖章，把水行政执法文书留在当事人的住所；也可以将水行政执法文书留在当事人的住所，并采取拍照、录像等方式记录送达过程，即视为送达。

邮寄送达的，交由国家邮政机构邮寄。以回执上注明的收件日期为送达日期。

当事人同意并签订确认书的，水行政处罚机关可以采取传真、电子邮件、即时通讯信息等方式送达，到达受送达人特定系统的日期为送达日期。

当事人下落不明，或者采用其他方式无法送达的，水行政处罚机关可以通过本机关或者本级人民政府网站公告送达，也可以根据需要在当地主要新闻媒体公告或者在当事人住所地、经营场所公告送达。

第四节　听证程序

第四十六条　水行政处罚机关拟作出下列水行政处罚决定，应当告知当事人有要求听证的权利，当事人要求听证的，水行政处罚机关应当组织听证：

（一）较大数额罚款、没收较大数额违法所得、没收较大价值非法财物；

（二）降低资质等级、吊销许可证件、责令停产停业、责令关闭、限制从业；

（三）其他较重的水行政处罚；

（四）法律、法规、规章规定的其他情形。

前款第（一）项所称"较大数额"、"较大价值"，对公民是指人民币（或者等值物品价值）一万元以上、对法人或者其他组织是指人民币（或者等值物品价值）八万元以上。地方性法规、地方政府规章另有规定的，从其规定。

第四十七条 听证应当由水行政处罚机关法制工作机构或者相应机构负责，依照以下程序组织：

（一）当事人要求听证的，应当在水行政处罚机关告知后五个工作日内提出。

（二）在举行听证会的七个工作日前应当向当事人及有关人员送达水行政处罚听证通知书，告知举行听证的时间、地点、听证人员名单及当事人可以申请回避和委托代理人等事项。

（三）当事人可以亲自参加听证，也可以委托一至二人代理。当事人委托代理人参加听证的，应当提交授权委托书。当事人及其代理人应当按期参加听证，无正当理由拒不出席听证或者未经许可中途退出听证的，视为放弃听证权利，终止听证。

（四）听证参加人由听证主持人、听证员、记录员、案件调查人员、当事人及其委托代理人、证人以及与案件处理结果有直接利害关系的第三人等组成。听证主持人、听证员、记录员应当由水行政处罚机关指定的法制工作机构或者相应机构工作人员等非本案调查人员担任。

（五）当事人认为听证主持人、听证员、记录员与本案有直接利害关系的，有权申请回避。

（六）除涉及国家秘密、商业秘密或者个人隐私依法予以保密外，听证公开举行。

（七）举行听证时，案件调查人员提出当事人违法的事实、证据和水行政处罚建议，当事人进行申辩和质证。

（八）听证应当制作笔录并交当事人或者其代理人核对无误后签字或者盖章。当事人或者其代理人拒绝签字、盖章的，由听证主持人在笔录中注明。

第四十八条　听证结束后，水行政处罚机关应当根据听证笔录，依照本办法第三十八条的规定，作出决定。

第五章　水行政处罚的执行和结案

第四十九条　水行政处罚决定作出后，当事人应当履行。

当事人对水行政处罚决定不服的，可以依法申请行政复议或者提起行政诉讼。申请行政复议或者提起行政诉讼的，水行政处罚不停止执行，法律另有规定的除外。

当事人申请行政复议或者提起行政诉讼的，加处罚款的数额在行政复议或者行政诉讼期间不予计算。

第五十条　除当场收缴的罚款外，作出水行政处罚决定的水行政处罚机关及其执法人员不得自行收缴罚款。

当事人应当自收到水行政处罚决定书之日起十五日内，到指定的银行或者通过电子支付系统缴纳罚款。

第五十一条　当场作出水行政处罚决定，依法给予一百元以下罚款或者不当场收缴罚款事后难以执行的，水行政执法人员可以当场收缴罚款。

当事人提出异议的，不停止当场执行。法律、法规另有规定的除外。

在边远、水上、交通不便地区，水行政处罚机关及其水行政执法人员依法作出罚款决定后，当事人到指定银行或者通过电子支付系统缴纳罚款确有困难，经当事人提出，水行政处罚机关及其水行政执法人员可以当场收缴罚款。收缴罚款后应当向被处罚人出具相关凭证。

第五十二条　水行政执法人员当场收缴的罚款，应当自收缴罚款之日起二个工作日内，交至水行政处罚机关；在水上当场收缴的罚款，应当自抵岸之日起二个工作日内交至水行政处罚机关；水行政处罚机关应当在二个工作日内将罚款缴付指定的银行。

第五十三条　当事人确有经济困难，需要延期或者分期缴纳罚款的，应当提出书面申请，经作出水行政处罚决定的水行政处罚机关批准后，可以暂缓或者分期缴纳。

第五十四条　当事人逾期不履行水行政处罚决定的，作出水行政处罚决定的水行政处罚机关可以采取下列措施：

（一）到期不缴纳罚款的，每日按罚款数额的百分之三加处罚款，加处罚款的数额不得超出罚款的数额；

（二）根据法律规定，将查封、扣押的财物拍卖、依法处理抵缴罚款；

（三）根据法律规定，申请人民法院强制执行或者采取其他行政强制执行方式。

水行政处罚机关批准延期、分期缴纳罚款的，申请人民法院强制执行的期限，自暂缓或者分期缴纳罚款期限结束之日起计算。

第五十五条　水行政处罚机关申请人民法院强制执行前，有理由认为被执行人可能逃避执行的，可以申请人民法院采取财产保全措施。

第五十六条　有下列情形之一，水行政执法人员应当制作结案审批表，经水行政处罚机关负责人批准后结案：

（一）水行政处罚决定执行完毕的；

（二）已经依法申请人民法院强制执行，人民法院依法受理的；

（三）决定不予水行政处罚的；

（四）案件已经移送管辖并依法受理的；

（五）终止调查的；

（六）水行政处罚决定被依法撤销的；

（七）水行政处罚决定终结执行的；

（八）水行政处罚机关认为可以结案的其他情形。

第五十七条　案件承办人员应当在普通程序结案后三十日内，或者简易程序结案后十五日内，将案件材料立卷，并符合下列要求：

（一）一案一卷，案卷可以分正卷、副卷；

（二）与案件相关的各类文书应当齐全，手续完备；

（三）案卷装订应当规范有序，符合档案管理要求。

立卷完成后应当立即统一归档。案卷保管及查阅，按档案管理有关规定执行。任何单位、个人不得非法伪造、涂改、增加、抽取案卷材料。

第六章　水行政处罚的保障和监督

第五十八条　县级以上人民政府水行政主管部门应当加强水行政执法队伍建设，合理配置与行政处罚职责相适应的执法人员；对水行政处罚权划转或者赋权到综合行政执法的地区，明晰行业监管与综合执法的职责边界，指导和监督综合行政执法部门开展水行政处罚。

县级以上地方人民政府水行政主管部门和流域管理机构应当依法为执法人员办理工伤保险、意外伤害保险；根据执法需要，合理配置执法装备，规划建设执法基地，提升水行政执法信息化水平。县级以上人民政府水行政主管部门应当结合执法实际，将执法装备需求提请本级人民政府纳入财政预算。

第五十九条 水行政处罚机关应当建立健全跨区域联动机制、跨部门联合机制、与刑事司法衔接机制、与检察公益诉讼协作机制，推进涉水领域侵害国家利益或者社会公共利益重大水事案件查处，提升水行政执法效能。

第六十条 水行政处罚机关应当建立健全水行政处罚监督制度，加强对下级水行政处罚机关实施水行政处罚的监督。

水行政处罚权交由乡镇人民政府、街道办事处行使的，县级人民政府水行政主管部门应当加强业务指导和监督，建立健全案件移送和协调协作机制。

对违法情节严重、社会影响恶劣、危害后果严重、涉案人员较多的事件，上级水行政处罚机关应当实行挂牌督办。省际边界重大涉水违法事件由国务院水行政主管部门、违法行为发生地所属流域管理机构或者国务院水行政主管部门指定的流域管理机构挂牌督办。

第六十一条 县级以上人民政府水行政主管部门应当建立健全水行政执法评议制度，定期组织开展水行政执法评议、考核。

第六十二条 水行政处罚机关及其执法人员违法实施水行政处罚的，按照《中华人民共和国行政处罚法》的规定，追究法律责任。

第七章 附 则

第六十三条 其他行政机关行使水行政处罚职权的，按照本办法的规定执行。

第六十四条 本办法自 2023 年 5 月 1 日起施行。1997 年 12 月 26 日发布的《水行政处罚实施办法》同时废止。

水 行 政 执 法
常用法律法规清单

序号	法规名称	发文机关	发文日期	施行日期	时效性	效力级别
1	中华人民共和国水法	全国人大常委会	2016年7月2日	2016年7月2日	现行有效	法律
2	中华人民共和国水污染防治法	全国人大常委会	2017年6月27日	2018年1月1日	现行有效	法律
3	中华人民共和国水土保持法	全国人大常委会	2010年12月25日	2011年3月1日	现行有效	法律
4	中华人民共和国招标投标法	全国人大常委会	2017年12月27日	2017年12月28日	现行有效	法律
5	中华人民共和国环境保护法	全国人大常委会	2014年4月24日	2015年1月1日	现行有效	法律
6	中华人民共和国防洪法	全国人大常委会	2016年7月2日	2016年7月2日	现行有效	法律
7	中华人民共和国固体废物污染环境防治法	全国人大常委会	2020年4月29日	2020年9月1日	现行有效	法律
8	中华人民共和国行政许可法	全国人大常委会	2019年4月23日	2019年4月23日	现行有效	法律
9	中华人民共和国行政复议法	全国人大常委会	2023年9月1日	2024年1月1日	现行有效	法律
10	中华人民共和国行政处罚法	全国人大常委会	2021年1月22日	2021年7月15日	现行有效	法律
11	中华人民共和国安全生产法	全国人大常委会	2021年6月10日	2021年9月1日	现行有效	法律
12	中华人民共和国建筑法	全国人大常委会	2019年4月23日	2019年4月23日	现行有效	法律
13	中华人民共和国水文条例	国务院	2017年3月1日	2017年3月1日	现行有效	行政法规
14	节约用水条例	国务院	2024年3月9日	2024年5月1日	现行有效	行政法规
15	地下水管理条例	国务院	2021年10月21日	2021年12月1日	现行有效	行政法规
16	中华人民共和国抗旱条例	国务院	2009年2月26日	2009年2月26日	现行有效	行政法规

续表

序号	法规名称	发文机关	发文日期	施行日期	时效性	效力级别
17	城市供水条例	国务院	2020年3月27日	2020年3月27日	现行有效	行政法规
18	城镇排水与污水处理条例	国务院	2013年10月2日	2014年1月1日	现行有效	行政法规
19	取水许可和水资源费征收管理条例	国务院	2017年3月1日	2017年3月1日	现行有效	行政法规
20	南水北调工程供用水管理条例	国务院	2014年2月16日	2014年2月16日	现行有效	行政法规
21	大中型水利水电工程建设征地补偿和移民安置条例	国务院	2017年4月14日	2017年6月1日	现行有效	行政法规
22	中华人民共和国河道管理条例	国务院	2018年3月19日	2018年3月19日	现行有效	行政法规
23	中华人民共和国招标投标法实施条例	国务院	2019年3月2日	2019年3月2日	现行有效	行政法规
24	公路安全保护条例	国务院	2011年3月7日	2011年7月1日	现行有效	行政法规
25	建设工程安全生产管理条例	国务院	2003年11月24日	2004年2月1日	现行有效	行政法规
26	建设工程勘察设计管理条例	国务院	2017年10月7日	2017年10月7日	现行有效	行政法规
27	建设工程质量管理条例	国务院	2019年4月23日	2019年4月23日	现行有效	行政法规
28	水库大坝安全管理条例	国务院	2018年3月19日	2018年3月19日	现行有效	行政法规
29	铁路安全管理条例	国务院	2013年8月17日	2014年1月1日	现行有效	行政法规
30	水行政处罚实施办法	水利部	2023年3月10日	2023年5月1日	现行有效	部门规章
31	水文监测环境和设施保护办法	水利部	2015年12月16日	2015年12月16日	现行有效	部门规章
32	城市供水水质管理规定	建设部	2007年3月1日	2007年5月1日	现行有效	部门规章
33	城镇污水排入排水管网许可管理办法	住房和城乡建设部	2022年12月1日	2023年2月1日	现行有效	部门规章

序号	法规名称	发文机关	发文日期	施行日期	时效性	效力级别
34	河道采砂收费管理办法	水利部,财政部,国家物价局	1990 年 6 月 20 日	1990 年 6 月 20 日	现行有效	部门规章
35	取水许可管理办法	水利部	2017 年 12 月 22 日	2017 年 12 月 22 日	现行有效	部门规章
36	水行政许可实施办法	水利部	2005 年 7 月 8 日	2005 年 7 月 8 日	现行有效	部门规章
37	生活饮用水卫生监督管理办法	住房和城乡建设部,国家卫生和计划生育委员会	2016 年 4 月 17 日	2016 年 4 月 17 日	现行有效	部门规章
38	水工程建设规划同意书制度管理办法(试行)	水利部	2017 年 12 月 22 日	2017 年 12 月 22 日	现行有效	部门规章
39	水利部水库大坝注册登记办法	水利部	1995 年 12 月 28 日	1996 年 1 月 1 日	现行有效	部门规章
40	水利工程建设监理规定	水利部	2017 年 12 月 22 日	2017 年 12 月 22 日	现行有效	部门规章
41	水利工程质量检测管理规定	水利部	2019 年 5 月 10 日	2019 年 5 月 10 日	现行有效	部门规章
42	水利工程质量事故处理暂行规定	水利部	1999 年 3 月 4 日	1999 年 3 月 4 日	现行有效	部门规章
43	城市房屋便器水箱应用监督管理办法	建设部	2001 年 9 月 4 日	2001 年 9 月 4 日	现行有效	部门规章
44	注册造价工程师管理办法	住房和城乡建设部	2020 年 2 月 19 日	2020 年 2 月 19 日	现行有效	部门规章
45	电子招标投标办法	国家发展和改革委员会,工业和信息化部,监察部,住房和城乡建设部,交通运输部,铁道部,水利部,商务部	2013 年 2 月 4 日	2013 年 5 月 1 日	现行有效	部门规章
46	工程监理企业资质管理规定	住房和城乡建设部	2018 年 12 月 22 日	2018 年 12 月 22 日	现行有效	部门规章
47	工程建设项目货物招标投标办法	国家发展和改革委员会,工业和信息化部,财政部,住房和城乡建设部,交通运输部,铁道部,水利部,国家广播电影电视总局,中国民用航空局	2013 年 3 月 11 日	2013 年 3 月 11 日	现行有效	部门规章

序号	法规名称	发文机关	发文日期	施行日期	时效性	效力级别
48	工程建设项目勘察设计招标投标办法	国家发展和改革委员会，工业和信息化部，财政部，住房和城乡建设部，交通运输部，铁道部，水利部，国家广播电影电视总局，中国民用航空局	2013年3月11日	2013年5月1日	现行有效	部门规章
49	工程建设项目施工招标投标办法	国家发展和改革委员会，工业和信息化部，财政部，住房和城乡建设部，交通运输部，铁道部，水利部，国家广播电影电视总局，中国民用航空局	2013年3月11日	2013年5月1日	现行有效	部门规章
50	建设工程勘察设计资质管理规定	住房和城乡建设部	2018年12月22日	2018年12月22日	现行有效	部门规章
51	建设工程勘察质量管理办法	住房和城乡建设部	2021年4月1日	2021年4月1日	现行有效	部门规章
52	建筑业企业资质管理规定	住房和城乡建设部	2018年12月22日	2018年12月22日	现行有效	部门规章
53	评标委员会和评标方法暂行规定	国家发展和改革委员会，工业和信息化部，财政部，住房和城乡建设部，交通运输部，铁道部，水利部，国家广播电影电视总局，中国民用航空局	2013年3月11日	2013年3月11日	现行有效	部门规章
54	评标专家和评标专家库管理暂行办法	国家发展和改革委员会，工业和信息化部，财政部，住房和城乡建设部，交通运输部，铁道部，水利部，国家广播电影电视总局，中国民用航空局	2013年3月11日	2013年3月11日	现行有效	部门规章

序号	法规名称	发文机关	发文日期	施行日期	时效性	效力级别
55	实施工程建设强制性标准监督规定	住房和城乡建设部	2021年3月30日	2021年3月30日	现行有效	部门规章
56	市政公用事业特许经营管理办法	住房和城乡建设部	2015年5月4日	2015年5月4日	现行有效	部门规章
57	北京市河湖保护管理条例	北京市人大常委会	2019年7月26日	2019年7月26日	现行有效	地方性法规
58	北京市节水条例	北京市人大常委会	2022年11月25日	2023年3月1日	现行有效	地方性法规
59	北京市湿地保护条例	北京市人大常委会	2019年7月26日	2019年7月26日	现行有效	地方性法规
60	北京市实施《中华人民共和国防洪法》办法	北京市人大常委会	2019年7月26日	2019年7月26日	现行有效	地方性法规
61	北京市实施《中华人民共和国水法》办法	北京市人大常委会	2022年11月25日	2023年3月1日	现行有效	地方性法规
62	北京市实施《中华人民共和国渔业法》办法	北京市人大常委会	2007年7月27日	2007年9月1日	现行有效	地方性法规
63	北京市水利工程保护管理条例	北京市人大常委会	2021年3月12日	2021年3月12日	现行有效	地方性法规
64	北京市水土保持条例	北京市人大常委会	2019年7月26日	2019年7月26日	现行有效	地方性法规
65	北京市水污染防治条例	北京市人大常委会	2021年9月24日	2021年9月24日	现行有效	地方性法规
66	北京市物业管理条例	北京市人大常委会	2024年3月29日	2024年3月29日	现行有效	地方性法规
67	北京市招标投标条例	北京市人大常委会	2021年9月24日	2021年9月24日	现行有效	地方性法规
68	北京市建设工程质量条例	北京市人大常委会	2015年9月25日	2016年1月1日	现行有效	地方性法规
69	北京市安全生产条例	北京市人大常委会	2022年5月25日	2022年8月1日	现行有效	地方性法规
70	北京市城市公共供水管理办法	北京市人民政府	2021年12月30日	2021年12月30日	现行有效	地方政府规章
71	北京市自建设施供水管理办法	北京市人民政府	2007年1月15日	2007年3月1日	现行有效	地方政府规章
72	北京市南水北调工程保护办法	北京市人民政府	2011年2月10日	2011年2月10日	现行有效	地方政府规章

序号	法规名称	发文机关	发文日期	施行日期	时效性	效力级别
73	北京市排水和再生水管理办法	北京市人民政府	2009年11月26日	2010年1月1日	现行有效	地方政府规章
74	北京市建筑垃圾处置管理规定	北京市人民政府	2020年7月29日	2020年10月1日	现行有效	地方政府规章
75	北京市生产安全事故隐患排查治理办法	北京市人民政府	2015年11月24日	2016年7月1日	现行有效	地方政府规章
76	北京市生产经营单位安全生产主体责任规定	北京市人民政府	2021年12月30日	2021年12月30日	现行有效	地方政府规章